JN059497

会計士が
教える

中堅・中小企業のための

# 財務経営10のテーマ

公認会計士
**髙木 融** 【著】

高野総合グループ
**TSK** 税理士法人
高野総合会計事務所

中央経済社

# は じ め に

　近年はAIを活用したIT技術等の発達により多くの企業で業務効率化が進み，その結果として，目的の１つである効率化により確保した時間の活用が課題になっています。昨年来の新型コロナウイルス感染拡大を契機として，ペーパーレスを初めとした様々な業務効率化が進んだこともこの流れに拍車をかけている状況です。当該時間の活用方法については，中長期的な労働人口減少への対応，既存人件費削減という形をとる企業が多いとは思われますが，短期的には余剰時間を利用した財務管理分野の強化も選択肢の１つとなり得るでしょう。また，近年の経済環境下においては，防衛力強化の観点から改めて管理面に目を向ける企業も少なくないと思われます。

　そしてこの流れは大企業にとどまらず中小企業にも確実に押し寄せていますが，中小企業にとって財務管理分野の敷居はまだまだ高いというのが実情です。その理由には，管理時間・管理人員の不足やその費用対効果の問題など多種の要因が考えられますが，これらはAIを活用した各種ITサービスの安価な提供が進むことで，徐々に解消していく流れができつつあります。そうすると，最終的に課題として残るのは財務管理分野に対する基礎的な理解です。実際のところ，中小企業で財務管理が十分に進まない理由の１つには財務管理分野における基礎的な理解の欠如があると思われます。

　例えば，中小企業であっても何かしらのシステムを導入している会社は非常に多いと思われますが，実際の活用実態をみていくと多くの機能を使いこなせていないケースが見受けられます。一般的に各種の管理システムは，"あるべき管理体制"を前提に様々な機能が組み込まれている一方で，運用側である中小企業がそのレベルに追い付いていないケースが多いためです。結果として，高額なシステム投資を行ったものの，そのシステムに振り回される事態やほとんどの機能を利用できずに結果として割高な投資になっていることも少なくありません。この本質的な要因は，前述の"財務管理分野に対する基礎的な理解

の欠如"です。今後さらに発展していくであろうITサービスをうまく活用できるかどうかという観点からもこの点は非常に重要な意味を持つと思われます。

　もっともこの種の問題点についてはすでに多くの専門家等が指摘をし続けており，関連書籍も非常に多く存在します。ただし，特定の分野に絞ったものが多く，結果として専門的な用語や解説が含まれるものになりやすいことから，中小企業にとってはハードルが高くなっているようにも思われます。しかし実務的な観点からすれば，中小企業側で高度な専門的知識を必要とするケースはそれほど多くありません。例えば原価計算で言えば，この分野は厳密な理論を検討すると非常に難解なテーマですが，極力シンプルなエッセンスだけに絞れば単純な話でもあり，中小企業における活用ではそれでも十分に機能します。財務管理は唯一無二の正解がない分野であり，要は企業活動がよりよい方向に進むためのツールとして利用することが本来の目的であるため，管理手法自体に大きな制約はありません。この柔軟性が財務管理のよいところである一方で，自由度が高い分だけ基礎的な理解が必須となるゆえんです。

　これらを踏まえ，本書では専門的な用語や解説を極力避けるとともに，できるだけ図解を交えた解説を中心に最低限必要なエッセンスのみを示すことにその主眼を置いています。また，網羅的に浅く広くテーマを取り上げることにより総合的な視点で財務管理を捉えることもその目的の1つとしています。なぜならば，財務管理は多くのテーマが相互に関連しあって機能するため，浅い知識であっても各種テーマの存在を知っておくことは有意義であるためです。本書が中小企業にとって財務管理分野の新しいステージへ進むきっかけの1つになれば幸いです。なお，最後になりますが，本書作成に多大なご協力をいただいた中央経済社・石井直人氏にこの場を借りて厚く御礼申し上げます。

2021年12月

公認会計士　髙木　融

# 目　　次

# 第 1 章　財務諸表

　本章ではまず基本的な財務書類である損益計算書（以下「PL」とも言います）と貸借対照表（以下「BS」とも言います）の仕組みについて解説します。本書を手に取られた方の中には，非常に初歩的な内容に感じる方もいるかもしれませんので，その際は他章からお読みいただいて全く問題ありません。

## 1．損益計算書（PL），貸借対照表（BS）の仕組み

> 【ポイント】
> • PL，BSは現金収支以外の取引記録を含む

　損益計算書とは，企業の一定期間における利益（儲け）を示す書類であり，PL（Profit and Loss statement）とも呼ばれます。また，貸借対照表は一時点における企業の財産を示す書類であり，BS（Balance Sheet）とも呼ばれます。これらの書類は財務諸表と呼ばれ，企業が行う商取引を一定のルールに基づき記録した結果の集約であるといえます。財務諸表の大まかな作成プロセス概要は〈図表 I − 1〉のとおりです。

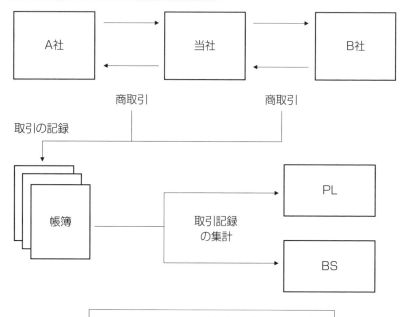

〈図表 I - 1〉PL，BSの作成プロセス

PL：一定期間の利益を表示（フロー情報）
BS：一時点の財産を表示（ストック情報）

　一般にPLは企業の儲けを示す財務書類であるため，多くの関係者にとって馴染みのあるものですが，BSは，PLと比較すると中小企業では活用されにくい傾向があります。

　しかし，財務会計分野への理解を深めるポイントの1つはこのBSの仕組みを理解することにあります。この点も踏まえ，本章後半ではBSがもたらす情報の意味についても解説していきます。それでは早速，実際のPLおよびBSのサンプル例をみていきましょう（〈図表 I - 2〉）。

〈図表Ⅰ-2〉PL，BSサンプル

PL サンプル
×年×月×日～×年×月×日

| | | |
|---|---|---|
| 収益 | 売上高 | 100 |
| 費用 | 売上原価 | 80 |
| 段階利益 | 売上総利益 | 20 |
| 費用 | 販売費及び一般管理費 | 10 |
| 段階利益 | 営業利益 | 10 |
| 収益 | 営業外収益 | 5 |
| 費用 | 営業外費用 | 3 |
| 段階利益 | 経常利益 | 12 |
| 収益 | 特別利益 | 2 |
| 費用 | 特別損失 | 4 |
| 段階利益 | 税引前当期純利益 | 10 |
| 費用 | 法人税等 | 3 |
| 最終利益 | 当期純利益 | 7 |

・収益，費用の両方を総額で表示
・種類，特徴に基づき，段階的に区切った利益を表示

BS サンプル
×年×月×日

資産を表示

| | | | |
|---|---|---|---|
| 現金預金 | 100 | 買掛金 | 40 |
| 売掛金 | 50 | 未払金 | 30 |
| 在庫 | 30 | 短期借入金 | 50 |
| その他 | 20 | 流動負債計 | 120 |
| 流動資産計 | 200 | 長期借入金 | 400 |
| 建物 | 100 | 退職給付引当金 | 150 |
| 機械装置 | 90 | 固定負債計 | 550 |
| 器具備品 | 30 | 負債計 | 670 |
| 土地 | 150 | | |
| 有形固定資産計 | 370 | 資本金 | 20 |
| 投資有価証券 | 100 | 利益剰余金 | 30 |
| 保険積立金 | 50 | | |
| 投資その他の資産計 | 150 | | |
| 固定資産計 | 520 | 純資産計 | 50 |
| 総資産 | 720 | 負債・純資産計 | 720 |

負債を表示

資産から負債を差し引いた純資産を表示

・左側の資産合計と右側の負債・純資産合計は必ず一致する（Balance Sheet）
・純資産は過去から積み上げた財産の累積合計

PLは，〈図表Ⅰ－2〉のとおり，収益とそれに対応して発生した費用の両方を総額で表示する形式をとっており，両者の差引計算の結果として利益を表現する財務書類となっています。また，表示される利益についても，最終利益だけではなく，収益と費用の種類・特徴に基づき段階的に区切った利益（売上総利益，営業利益，経常利益）も示されています。一方BSは，資産と負債の総額をそれぞれ示しつつ，その差引計算の結果として財産（純資産）を表現する形式となっています。そしてBSは取引記録のルール（簿記）に基づき，左側に資産，右側に負債および純資産が示され，左側の合計（資産合計）と右側の合計（負債および純資産）が必ず一致する仕組みとなっています。これがBalance Sheet（右側と左側がバランスしている）と呼ばれるゆえんです。

　PLやBSは基本的な財務書類ですが一般的に馴染みやすいとは言い難く，その理由の1つは，記録対象に現金取引以外の取引が含められていることであると考えられます。仮に現金取引のみを記録対象とするのであれば，PLは現金の出入りを記録するだけのお小遣い帳に近いものとなり，BSは手許に残った現金や現金で購入した資産から借金を控除した残額を財産として示す書類ということになります。しかし実際の財務書類は現金だけでなく，将来現金として回収し得るもの（ないしそれと同等の効果があるもの）や将来現金の支払となり得るもの（ないしそれと同等の効果があるもの）が生じた場合も当該取引が記録されるため，結果としてこれらがもたらす情報は手許現金等の現実的な財産の状況とはかなり乖離している印象を与えることになります。

　例えば，商品を売買した際に掛け売り，掛け払いの条件で取引を行うと，売買時点では現金の動きがありませんが，企業会計では当然にこの取引を売買時点で記録します。そうすると，BSに記録される財産には将来の現金回収をもたらす売掛金や，将来現金支出を生じさせる買掛金といった項目が，資産や負債として計上されることになります。また，PLでは，現金収支が生じていなくても売上高という収益項目や仕入という費用項目が計上され，これらに基づき利益が計算されることになります。

〈図表Ⅰ－3〉商取引とPL，BSの関係

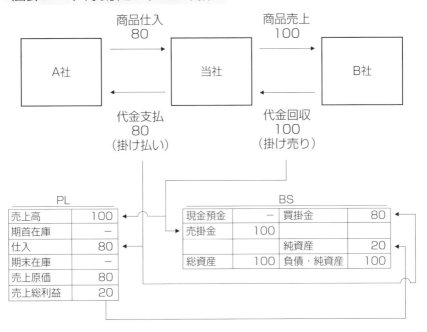

〈図表Ⅰ－3〉は，当社がA社から商品を80の掛け払いで仕入れて，B社に100の掛け売りで販売するという商取引を記録したPL，BSのイメージです。現金の動きは全くありませんが，PLでは80で仕入れた商品を100で販売しているため，利益が20計上されています。一方BSでは将来現金回収される売掛金100が資産として計上され，将来現金支払することになる買掛金80が負債として計上されています。そして，資産から負債を差し引いた純資産が20となり，これがPLにおける利益と一致する関係になっています。実際に企業が作成するBS，PLはこのような商取引を何百，何千と記録，集約したイメージです。

また，実際の現金回収，支払が行われた場合にはBS上の資産・負債科目の振替が行われることになります。〈図表Ⅰ－4〉のとおりです。

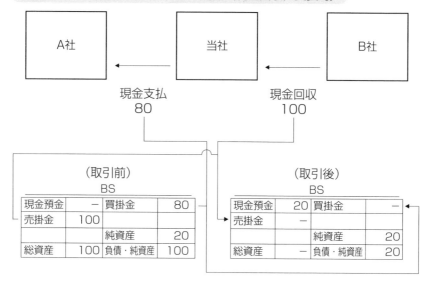

〈図表 I −4〉商取引とPL，BSの関係（現金回収，支払時）

もう1つ数値例をみてみましょう（〈図表 I −5〉）。

このケースでは，当社がA社から商品を80の掛け払いで仕入れて，そのまま在庫として保有していた場合です。〈図表 I −3〉と同様に現金の動きは全くありませんが，一方で販売もしていないため，利益はありません。PLでは仕入が計上されますが，同時に資産としての在庫も保有していることから，仕入額に対してマイナス調整を考慮することによって費用はゼロとなります。BSでは，資産として在庫80が計上されるとともに将来現金支払することになる買掛金80が負債として計上されることになります。また，PLで計上される利益がゼロであるため，BSの純資産もゼロとなっています。

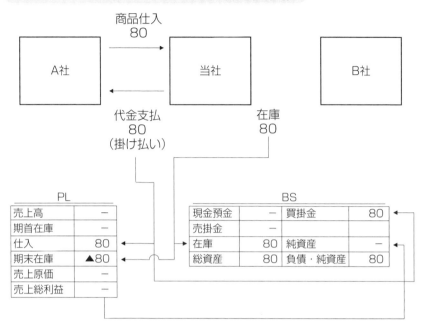

〈図表Ⅰ-5〉商取引とPL, BSの関係（在庫保有時）

最後にもう１つ現金収支を伴わない会計記録の例を〈図表Ⅰ-6〉でご紹介します。資産の減価償却という考え方です。一般的に購入した資産はBSに計上されますが，利用や時間の経過に伴いその価値が劣化していくことが通常であるため，この資産価値の低下を表現する会計・税法上のルールがあります。このルールが減価償却と呼ばれる処理です。減価償却は厳密に言えば商取引の記録ではありませんが，現金収支を伴わずに行われる会計記録の１つです。なお，この記録は長期間にわたって自社利用する資産に対して行われますので，資産自体を顧客に販売するような在庫等には適用されません。また，具体的に単年度で記録される資産価値の低下は，購入価格を想定される利用年数で割った金額が使われます。この利用年数の前提は，資産項目ごとに税法で定められているものを採用することが通常です（法定耐用年数と呼ばれます）。〈図表Ⅰ

## 〈図表 I − 6〉減価償却の仕組み

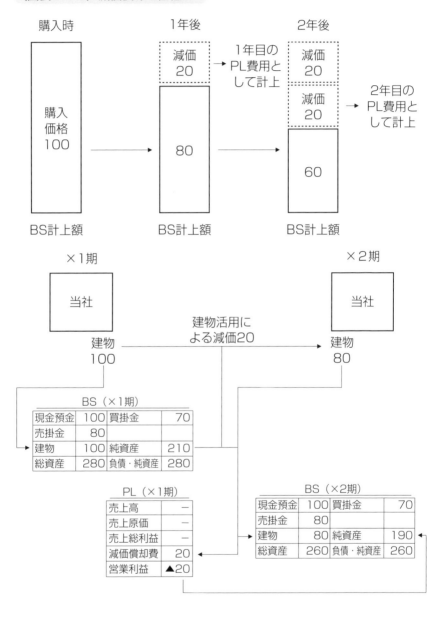

| 購入時 | 1年後 | 2年後 |
|---|---|---|
| 購入価格 100 | 減価 20 → 1年目のPL費用として計上<br>80 | 減価 20<br>減価 20 → 2年目のPL費用として計上<br>60 |
| BS計上額 | BS計上額 | BS計上額 |

×1期 当社 建物 100

建物活用による減価20 →

×2期 当社 建物 80

**BS（×1期）**

| 現金預金 | 100 | 買掛金 | 70 |
|---|---|---|---|
| 売掛金 | 80 | | |
| 建物 | 100 | 純資産 | 210 |
| 総資産 | 280 | 負債・純資産 | 280 |

**PL（×1期）**

| 売上高 | − |
|---|---|
| 売上原価 | − |
| 売上総利益 | − |
| 減価償却費 | 20 |
| 営業利益 | ▲20 |

**BS（×2期）**

| 現金預金 | 100 | 買掛金 | 70 |
|---|---|---|---|
| 売掛金 | 80 | | |
| 建物 | 80 | 純資産 | 190 |
| 総資産 | 260 | 負債・純資産 | 260 |

－6〉は購入価格100の資産について，5年間利用し，価値の下落が均等に生じる前提として，毎年生じる減価償却を20で計算している例となります（100÷5年＝20）。ただし，このような年数前提や価値の減価形態（均等に生じる等）はあくまで税法で定めた形式的なルールであるため，実際の利用年数や減価状況とは乖離することが一般的です。

　また，この仕組みと似た会計処理として前払費用等の償却という考え方があります。

　例えば，保険料の支払などは，複数年分をまとめて前払いするようなケースがありますが，この場合，支出時に支払総額を前払費用と呼ばれる資産科目でBSに計上します。その計上根拠は将来期間において保険料支払を回避できるという将来支出減額効果であり，当該効果に資産価値があるという考え方です。したがって，保険対象期間の経過に伴い，その資産価値は減少していくことになります。この価値の減少は，PLでは保険料という費用項目の認識，BSでは前払費用の減額という形で表現されることになります。仕組みとしては固定資産の減価償却と非常に似ていますが，前払費用の場合は，その償却期間が元となる契約条件に従い決定されます（〈図表Ⅰ－7〉は5年契約の一括前払いを前提としています）。

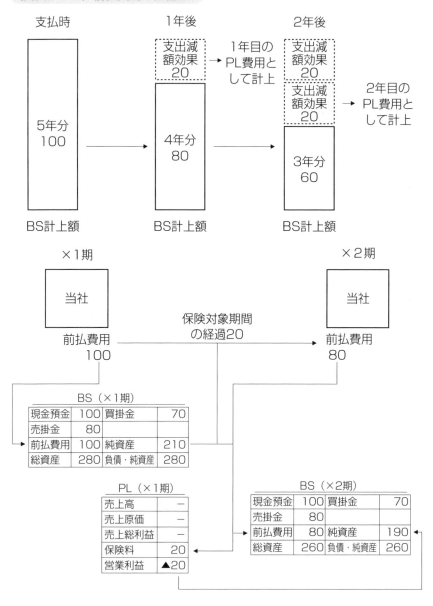

〈図表 I − 7〉前払費用の仕組み

支払時

5年分
100

BS計上額

1年後

支出減
額効果
20 → 1年目の
PL費用と
して計上

4年分
80

BS計上額

2年後

支出減
額効果
20

支出減
額効果
20 → 2年目の
PL費用と
して計上

3年分
60

BS計上額

×1期

当社

前払費用
100

保険対象期間
の経過20

×2期

当社

前払費用
80

BS（×1期）

| 現金預金 | 100 | 買掛金 | 70 |
| 売掛金 | 80 | | |
| 前払費用 | 100 | 純資産 | 210 |
| 総資産 | 280 | 負債・純資産 | 280 |

PL（×1期）

| 売上高 | − |
| 売上原価 | − |
| 売上総利益 | − |
| 保険料 | 20 |
| 営業利益 | ▲20 |

BS（×2期）

| 現金預金 | 100 | 買掛金 | 70 |
| 売掛金 | 80 | | |
| 前払費用 | 80 | 純資産 | 190 |
| 総資産 | 260 | 負債・純資産 | 260 |

# 2．BS情報の活用

【ポイント】
● BS項目は将来いずれかの時点で現金収支をもたらす
● 将来の現金収支金額，時期の考察が重要

　これまで説明したように，BSで計上される資産・負債には現金取引以外から生じた将来現金回収され得るもの（売掛金等）や将来現金支払につながるもの（買掛金等）が含まれますが，資産についてはこれら以外に実際の購入資産も計上されます。例えば，不動産や株式なども購入すれば資産として計上されることになり，このあたりは一般的な感覚に照らせば当然のことのようにも思えます。ただし，これらの資産も"将来現金として回収し得るもの（ないしそれと同等の効果があるもの）"であることがその計上根拠となっています。BSの仕組みをより深く理解していくためには，そこで計上されている項目の計上根拠について，共通的かつ本質的な考え方に沿って理解することが重要です。

　次に重要なポイントは，資産計上に際して"いくらの金額で記録するか"ということです。資産が計上されている根拠は，それが将来の現金回収等をもたらすものである点にありますが，その回収等は将来のことであるがゆえにその金額を確定できない場合もあります。この点について現在の会計は原則的には資産を"取得した値段"で記録するという基本ルールを定めています（取得原価主義といいます）。したがって，資産はその種類によってはBS計上金額と将来現金回収額に大きな乖離が生じることもあり得るという点は理解しておく必要があります。

　〈図表Ⅰ－8〉は企業で一般的に計上される資産・負債科目とその計上される根拠例について整理したものです。いずれの科目も将来いずれかの時期において現金収支をもたらすものとなっています。中には見慣れない項目もあるかもしれませんが，細かい根拠について全て理解する必要はなく，BSに計上さ

## 〈図表 I − 8 〉 BS科目の計上根拠と収支時期

| 科目名 | 資産計上される根拠例 | 計上金額の根拠例 |
|---|---|---|
| 現金預金 | すでに現金である（預金は払戻時に現金となる） | 実際の現金預金額 |
| 受取手形 | 期日に現金化される | 手形金額 |
| 売掛金 | 期日に現金化される | 請求額 |
| 前払金 | 将来の仕入時に支払を減少させる効果がある | 実際に支払った額 |
| 前払費用 | 将来の支出を減少させる効果がある | 実際に支払った額 |
| 仮払金 | 将来の一定期間に現金化される，ないし将来の支出を減少させる効果がある | 実際に支払った額 |
| 建物 | 売却することによって現金化される，ないしこれを使用することによって何らかの現金獲得効果がある | 購入時の金額 |
| 機械装置 | 同上 | 同上 |
| 器具備品 | 同上 | 同上 |
| 土地 | 同上 | 同上 |
| 投資有価証券 | 売却することによって現金化される | 同上 |
| 敷金 | 退去時に返還されることによって現金化される | 実際に支払った額 |
| 保険積立金 | 保険解約時に返戻金として現金化される | 実際に支払った額 |

短期的 ↑ 一般的な現金回収効果の発生時期 ↓ 長期的

| 科目名 | 負債計上される根拠例 | 計上金額の根拠例 |
|---|---|---|
| 支払手形 | 期日に現金支払が生じる | 手形金額 |
| 買掛金 | 期日に現金支払が生じる | 請求額 |
| 未払金 | 期日に現金支払が生じる | 請求額 |
| 未払費用 | 将来の現金支払が生じる | 支払予定額 |
| 未払消費税 | 納付期日に現金支払が生じる | 納付予定額 |
| 未払法人税等 | 納付期日に現金支払が生じる | 納付予定額 |
| 短期借入金 | 約定返済日に現金支払が生じる | 約定返済額 |
| 賞与引当金 | 将来の賞与支払時に現金支払が生じる | 支払見積額 |
| 長期借入金 | 約定返済日に現金支払が生じる | 約定返済額 |
| 長期未払金 | 期日に現金支払が生じる | 請求額 |
| 退職給付引当金 | 従業員の退職時に現金支払が生じる | 支払見積額 |

短期的 ↑ 一般的な現金支払効果の発生時期 ↓ 長期的

れているものは将来何らかの現金収支につながるものであることを概念的に理解しておくことが大切です。また，BSでは一般的に現金化までの期間が短い資産・負債が上から順に並ぶ形式になっていることも知っておくとよいでしょう。

　ここで，改めてBSで示される情報の意味について考えてみます。前述のとおり，BSは資産から負債を差し引くことで計算される財産（純資産）を示すことを主な目的としていますが，これは言い換えれば，将来全ての資産・負債項目が現金化された際に残る手許資金を示しているということになります。企業の財務的な安定性を判断する上では，その保有資金の水準が重要なポイントになりますが，企業は継続的に活動しているため，一時点の実際手許資金のみでその財政状態を判断することは非常に困難です。そこで，BSのように将来の現金収支の情報も織り込んだ上で手許に残る財産の情報が必要とされるのです。

〈図表 I － 9〉現金収支からみたBS情報

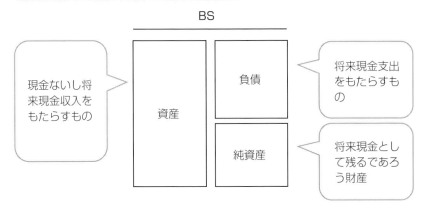

　中小企業においてこのような財産（純資産）情報について最も関心を抱く社外の利害関係者は金融機関です。金融機関は企業にお金を貸している以上，その関心ごとは"貸したお金が返ってくるかどうか"です。その意味では，BS

上の財産（純資産）水準は融資における重要なポイントの1つとなるでしょう。企業によっては資産から負債を差し引いた財産（純資産）がマイナスとなっているようなケースも当然あります。いわゆる"債務超過"と呼ばれる状態です。このような状態は，企業がすでに現時点で持っている資産を全て現金化しても将来発生する支払を全て賄えないという可能性を示しています。金融機関の立場からすれば原則的に追加融資を実行できない状況であり，企業自身にとっても将来的には倒産の可能性があることを示しているといえます。

　ただし，BSの情報も完璧なものではなく，活用する際にはいくつか留意点があります。1つは，前述のとおりBSで計上されている資産・負債は必ずしも将来の現金収支額と完全に一致する金額ではないという点です。わかりやすい例として，不動産のケースを考えてみると，BS計上額はあくまで購入価格となっており，売却時に想定される価格とは異なることは容易に想像できるでしょう。また，売却せずに不動産を使用したことにより得られる将来の現金合計額も購入時の価格とは一致しないことが通常であると考えられます。そのほか，売掛金でいえばそのBS計上額は請求時の価格となりますが，請求額と同額で回収できるかどうかは不確定なケースもあり得ます。取引先からの回収が滞った結果，全額を回収できなくなることもあるでしょう。実際に金融機関では，BS上の計上金額を現金化される際の想定額（≒時価）に数値を置き直して企業の財政状態を把握するという実務が存在します。この実務は一般に金融機関や外部専門家等の調査において行われるものではありますが，会社自身でも自社の財務安定性を確認する意味で実施する意義はあると考えられます。また，BSで計上される資産の本質に鑑みれば，上記実務が存在することは極めて自然な流れであると言えるでしょう。

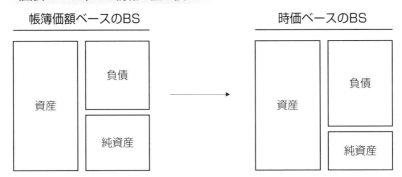

〈図表Ⅰ－10〉BS情報の置き換え

帳簿価額ベースのBS　　　　　　　　　　時価ベースのBS

資産

負債

純資産

資産

負債

純資産

資産・負債について，将来の現金収支額に近い金額に置き換えることにより，実態に近い純資産額を再計算

　次にBSをみる上でのもう１つの留意点として，資産・負債が現金化されるまでの期間のズレの問題があります。そもそもBSに計上される資産・負債は，その現金効果の発現時期にそれぞれ違いがあります。例えば，企業のBSが債務超過（資産＜負債）の状態であったとしてもただちに企業が倒産するとは限りません。なぜならば，資産・負債が現金化するまでに時間的猶予があるためです。その猶予期間を利用して，利益計上により資産（純資産）を積み上げることや，含み益を持つ既存資産（BS計上額＜現金回収見込額となる資産）を現金化することにより債務超過状態を解消できる場合もあります。一方で，短期的に支払が生じる負債が多く，またBS資産項目の大半が容易に現金化できないようなケースでは時間的な余裕が少なく，より厳しい財政状態であると言えます。

〈図表 I −11〉BS情報（債務超過額の例）

BS（A社）

| | | | |
|---|---|---|---|
| 現金預金 | 100 | 買掛金 | 70 |
| 売掛金 | 80 | 未払金 | 30 |
| 在庫 | 60 | 未払法人税等 | 30 |
| 建物 | 100 | 長期借入金 | 400 |
| 土地 | 150 | 退職給付引当金 | 150 |
| 投資有価証券 | 50 | 純資産 | ▲140 |
| 総資産 | 540 | 負債・純資産 | 540 |

B社よりも債務超過額は大きい

| | | | |
|---|---|---|---|
| 現金預金 | 100 | 買掛金 | 70 |
| 売掛金 | 80 | 未払金 | 30 |
| 在庫 | 60 | 未払法人税等 | 30 |
| 小計 | 240 | 小計 | 130 |
| | | | |
| 差引 | 110 | | |

短期的な現金収支はプラスが見込まれる

BS（B社）

| | | | |
|---|---|---|---|
| 現金預金 | 100 | 買掛金 | 100 |
| 売掛金 | 50 | 未払金 | 90 |
| 在庫 | 30 | 未払法人税等 | 10 |
| 建物 | 100 | 長期借入金 | 250 |
| 土地 | 150 | 退職給付引当金 | 120 |
| 投資有価証券 | 50 | 純資産 | ▲90 |
| 総資産 | 480 | 負債・純資産 | 480 |

A社よりも債務超過額は小さい

| | | | |
|---|---|---|---|
| 現金預金 | 100 | 買掛金 | 100 |
| 売掛金 | 50 | 未払金 | 90 |
| 在庫 | 30 | 未払法人税等 | 10 |
| 小計 | 180 | 小計 | 200 |
| | | | |
| 差引 | ▲20 | | |

短期的な現金収支はマイナスが見込まれる

具体的に現金化時期のズレに留意する必要性について，数値例を用いてみてみましょう。〈図表Ⅰ－11〉の例において，A社とB社を比較すると債務超過額（純資産のマイナス）としては，B社よりもA社のほうが大きく，A社のほうが財務的な危険度が高いようにもみえます。しかし，資産・負債の中身をみると，A社は短期的に現金収支が生じる資産と負債の差引がプラスとなっており，当面の資金繰りに問題はない可能性が高いと思われますが，長期的に現金支払が生じる負債が大きいことから結果として債務超過となっていることがわかります。一方でB社は債務超過額がA社より小さいですが，短期的に現金収支が生じる資産と負債の差引がマイナスとなっており，比較的早期に資金繰りに窮する状況にみえます。

　このようにBSに計上されている資産・負債の特徴を理解すると，そこから読み取ることができる情報も各段に違ってくることになります。

### コラム① 上場企業のBS情報

　この20数年の間，厳密な会計ルールが適用される上場企業においてはBSのもたらす情報が大きく変化してきており，具体的には取得原価主義会計を基本としつつ多くの資産・負債で"時価"による情報提供が求められるようになっています。例えば時価のある有価証券は買った値段（取得原価）ではなく，時価によるBS計上が強制されており，不動産についてもBS計上額は取得原価であるものの，別途時価情報の提示が注記情報として求められています。そのほかにも多くの資産・負債で時価による計上ないし時価情報の提供が増えていますが，この背景には国際的な流れが存在します。古くからM&Aが活発であった諸外国ではBSに対して買収時の価格（すなわち時価）に資する情報提供を求める考え方があり，この観点からも時価情報を提供するルールが多く存在していました。日本においても国際化の流れに伴い，徐々に時価情報が増えていったというのが近年の状況です。会計は情報提供機能の発揮が求められる分野であるため，その時勢に応じたニーズに沿う形でルールが変遷していく側面があることは知っておくとよいでしょう。

# 3．財務分析

【ポイント】
- 財務分析は「比較」が重要
- 比較対象の選択肢を多く持つことで分析の幅が広がる

　本章の最後は財務分析について説明します。数値情報の分析では共通して言えることですが，分析に有効な方法は，「比較」をすることです。もちろん単独の財務諸表だけでも入手できる情報は多くありますが，他の数値と比較することによってその情報量は各段に増えます。最も一般的な比較は，異なる時点における財務数値間の比較でしょう。前期と当期の比較，前月と当月の比較などは実際に行われていることが多いですがこれも財務分析の1つです。また，同様に予算管理において行われる分析も予算数値と実績数値の比較であり，財務分析や管理では常に比較がポイントになっていることがわかります。そして財務分析の幅を広げるコツは，この比較対象となる数値の選択肢を多く持つことです。例えば，入手可能な場合には同業他社数値を比較対象として選ぶということもあります。そのほか，少し異なる視点になりますが，財務諸表間の比較，つまりBS数値とPL数値を比較するという考え方もあります。具体的にはBSの月次推移情報（毎月の数値推移情報）とPLの月次推移情報を比較するというような視点です。PLにおける売上高の変動状況に対して，BSで関連する売掛金の変動状況を確認するケースなどがBSとPLの比較分析に当たります。BSとPLは提供している財務情報の内容が異なりますが，そもそも記録の元となっているのは同一の商取引です。つまり，両者の数値は連動して動くという前提があるため，その関係は十分に比較対象になるということです。

〈図表Ⅰ−12〉財務分析

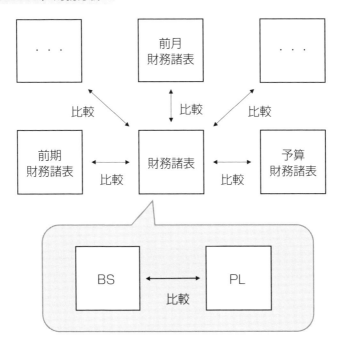

　そのほか，財務分析の比較対象数値には推測値という概念もあります。前述の予算数値との比較はまさに推測値との比較です。実はこれは日常的に無意識に行われている作業に近いものでもあります。経営者は決算数値が固まる前段階においても，現場の情報から決算数値の見込を頭の中に持っていることが多く，実際に固まった決算数値と自身で思い描いていた見込数値との比較を無意識に行うことは多いでしょう。そして実績数値が見込数値と大きく乖離していれば，「なぜ」の視点が生まれ，その要因を調査することになります。この一連の流れを明確な数値根拠に基づき行うことが推測値を比較対象とした財務分析と言えます。しかし，推測値自体を感覚ではなく明確な数値として計算すること自体がそれほど容易な作業ではないため，分析手法としてはやや難易度が高いと言えます。

さて，このように財務分析には様々なアプローチが存在しますが，そもそも企業が財務分析を行う目的は，自らの改善活動に活かす情報を得ることにあります。よって当該目的に照らせば，より望ましい財務分析とはこのような情報を発見しやすい分析であると言えます。そして，自社内で最も容易に入手できる比較情報は一般に過去実績数値であると考えられますが，"より望ましい財務分析"という視点に立てば，過去実績数値ではなく推測値との比較分析のほうが改善活動に資する情報は得やすいと思われます。なぜならば，過去実績数値との比較は，過去から現在にあたって生じた事象の整理には役立ちますが，あくまで事実関係の整理にすぎない側面があるためです。これに対して推測値との比較では，推測値算定における様々な前提条件が存在するため，その前提条件の妥当性を検証することを通じて新たな情報を得やすくなります。前提条件の中には企業の外部環境に対する予測や内部的に取り組む改善活動の成果等が含まれ，推測値との比較はこれらに対する検証が自然に行われることになるため，それだけ新たな気づきが増えると言えるでしょう。

〈図表Ⅰ－13〉比較分析

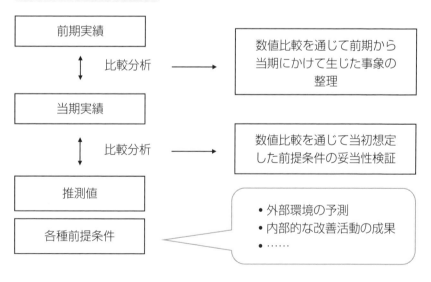

# 第Ⅱ章  原価計算

　第Ⅱ章では原価計算をテーマに解説していきます。

　この分野は，中小企業でもニーズが高い一方で，多くの中小企業が十分に活用できていない状況であると思われます。その原因には様々なものが考えられますが，1つの要因としてそのわかりづらさが挙げられます。しかし，原価計算の基本的な考え方は決して難しくありません。厳密な議論をすれば，難解な測面はありますが，中小企業の実務においてそのような議論はほとんど不要だと思われます。そもそも原価計算方法に唯一絶対の正解はなく，目的はあくまで企業の業績改善に貢献するツールとして活用することです。また，原価計算はどれだけ精緻な方法を検討したとしても，完璧な計算を行うことは難しい分野でもあるため，そのような限界も理解しつつ活用していくことが重要であると言えるでしょう。

## 1．原価計算の仕組み

---

【ポイント】
- 原価計算は発生コストの製品別割付計算
- 計算結果には一定の限界がある
- 過度に精緻な割付計算にこだわらない

---

　原価とは，製品等を製造するために発生したコストを言いますが，そのコストは大きく分けて2種類あります。具体的には特定の製品等と直接的な紐づけが容易なコスト（以下「直接費」と言います）と，単純な紐づけが困難であるコスト（以下「間接費」と言います）の2種類です。

〈図表Ⅱ-1〉原価の内訳

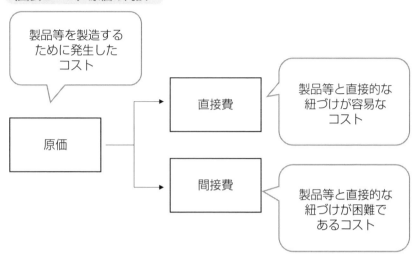

〈図表Ⅱ-2〉の例で言えば，材料費は通常，製品の物理的な一部を構成し，使用されている分量を定量的に捉えることが比較的簡単なため，直接費になります。また，外注費についてもこの例では製品Bの工程でのみ発生しているため，直接費です。一方で，労務費や機械設備費，あるいは工場全体の設備費（工場建物等に関連するコストをイメージしてください），水道光熱費は両製品全体に発生しているコストであり，かつ製品において使用されている分量を直接定量的に捉えることが困難であるため，間接費となります。

原価計算とはその製造過程において発生する様々なコストを各製品に金額で割り付ける作業にほかなりませんが，ここで原価計算をわかりづらくしている大きな要因がこの間接費の割付計算です（原価計算では配賦と呼ばれます）。前述のとおり工場全体の設備費用や水道光熱費，労務費などは，製品製造で使用している分量が明確には把握しづらいため，材料費のように実際の投入数量に基づき割り付けるということができません。したがって何かしら関連性の高いと想定される別の指標で割付計算を行うことが必要です。しかもその割付方

法に唯一絶対の方法はないため，ある程度企業が自由に設定することになります。実際にはできるだけ実態に即した割付計算を行うため，様々な"あるべき論"が存在し，その解説や専門用語の解説に多くの分量を割いている書物もあります。しかし，中小企業で原価計算を活用する場合には少なくとも初期段階ではこの点について厳密な議論を避けたほうがよいケースがあります。なぜならば，精緻な計算を行おうとすればするほど事務負担は増加しますが，それでも計算結果はあくまで仮定計算の域を出ず，完璧な計算結果になるわけでもないためです。より優先すべきは，簡便的な計算であってもまずは原価計算の導入ハードルを低くしておくことであると思われます。実際に運用を始めれば，徐々に原価計算という仕組みの理解が進み，自ずとその特徴，活用イメージが醸成されていきます。割付計算の精緻化の議論は，その段階で行っても大きな問題はないと考えられます。

　また，間接費の割付計算には，前述のとおり，"何かしら関連性の高いと想定される別の指標"が必要となるため，当該指標を別途記録しておく作業が必要になります（原価計算では配賦基準と呼ばれます）。この事務負担の発生だけは原価計算を行う上でどうしても避けることができません。そしてこの事務負担の存在も中小企業で原価計算の導入が進みにくい要因の1つです。割付指標の選択，記録は，割付計算の精緻化を目指す中で避けられないテーマですが，完璧を求めず，実務的に可能な範囲で記録できる指標に絞って簡便な原価計算を行うことも1つの考え方です。

## 〈図表Ⅱ-2〉原価計算の仕組み

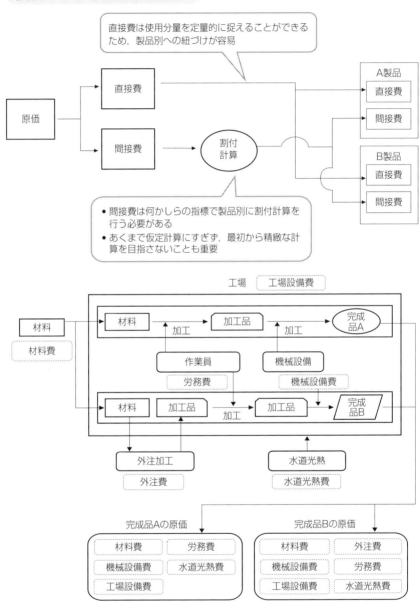

直接費は使用分量を定量的に捉えることができるため，製品別への紐づけが容易

間接費は何かしらの指標で製品別に割付計算を行う必要がある

あくまで仮定計算にすぎず，最初から精緻な計算を目指さないことも重要

原価

直接費

間接費

割付計算

A製品
直接費
間接費

B製品
直接費
間接費

工場　工場設備費

材料

材料費

材料　加工　加工品　加工　完成品A

作業員

労務費

機械設備

機械設備費

材料　加工品　加工　加工品　完成品B

外注加工

外注費

水道光熱

水道光熱費

完成品Aの原価
材料費　労務費
機械設備費　水道光熱費
工場設備費

完成品Bの原価
材料費　外注費
機械設備費　労務費
工場設備費　水道光熱費

# 2. 原価の割付計算

【ポイント】
- 発生コストとの関連性から割付指標を決定
- 割付指標に唯一無二の正解はない
- 事務負担を考慮して割付指標を決定

　では実際に数値例を用いて原価の割付計算をみてみましょう。まず，原価計算を行うにあたっては，発生原価の費目，金額合計を把握することが必要ですが，これらは簡単に把握することが可能です。企業は，通常，製造原価報告書と呼ばれる原価の発生総額を費目別に分類した財務書類を作成しており，当該書類から一定期間における発生原価の総額を把握することができます。製造原価報告書の作成過程は第Ⅰ章で説明したPLと全く同様です。〈図表Ⅱ－3〉は製造原価報告書のサンプル例ですが，この原価総額を各製品別に割り付ける作業が原価計算です。そして〈図表Ⅱ－4〉は先ほどの〈図表Ⅱ－2〉（原価計

## 〈図表Ⅱ－3〉製造原価報告書のサンプル

製造原価報告書のサンプル
1カ月分

| | | |
|---|---|---:|
| 材料費 | | 300 |
| | 賃金 | 300 |
| | 法定福利費 | 50 |
| 労務費 | | 350 |
| 外注費 | | 100 |
| 減価償却費（機械装置） | | 50 |
| 減価償却費（工場建物） | | 150 |
| 水道光熱費 | | 50 |
| 製造原価 | | 1,000 |

前提
- 製造品はA製品とB製品のみ
- A製品の完成数量は40個，B製品の完成数量は10個

〈図表Ⅱ-4〉原価計算の仕組み（数値前提あり）

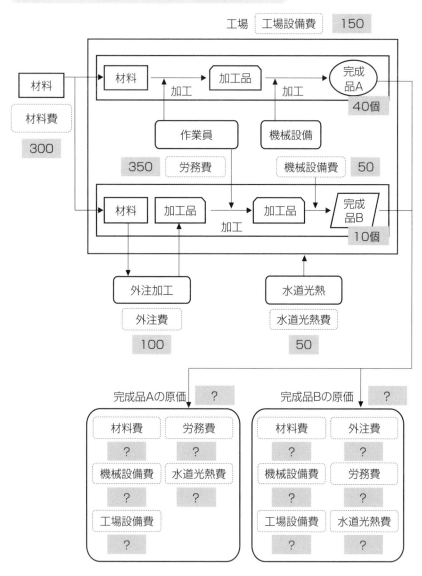

算の仕組み）に当該数値を当てはめたものですが，これから当該数値を製品別に振り分けていく作業を説明していきます。

### （材料費）

　材料費は，A製品とB製品の完成物の一部を物理的に構成しますので，その使用量に応じてコスト割付けを行います。具体的には実際の材料投入数量の割合で割付けすることとします。〈図表Ⅱ－5〉のとおりです。

〈図表Ⅱ－5〉材料費の振り分け

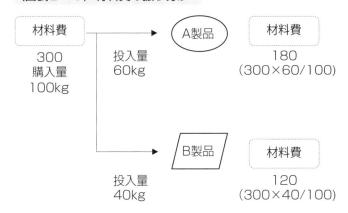

　考え方自体は非常に単純なものですが，実際にこの計算を行うためには，製品ごとに投入量を把握し，記録しておくことが必要となります。〈図表Ⅱ－5〉の例では，1種類の材料を前提にしていますが，現実の原価計算ではさらに複雑な状況が想定されます。利用材料についてはA製品のみで利用する材料もあれば，A製品，B製品共通で利用する材料，B製品のみで利用する材料など，複数種類の材料を利用していることが一般的と考えられます。このような場合に，全ての材料についてそれぞれ投入量を正確に把握，記録するとなると相当な実務負担になってきます。もちろん材料の種類ごとに正確な投入量に応じた材料費の割付けを行うほうが厳密な原価計算が実施できることは間違いないの

ですが，もう少し簡便な計算方法であっても有用な原価計算データを入手できるケースは非常に多いと思われます。例えば，金額的に重要な主要材料の投入量だけを正確に把握し，その割合に応じて全体の材料費を割り付けるというような計算方法も考えられます。中小企業の原価計算導入にあたっては，このようなある種の割り切りが実務的に重要な意義を持ちます。

（外注費）

外注費は，本事例ではB製品の製造でしか発生していませんので，その全額がB製品の原価として振り分けられることになります。

〈図表Ⅱ－6〉外注費の振り分け

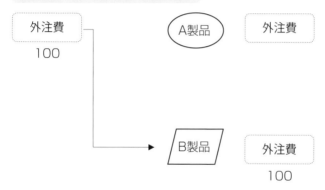

なお，仮にA製品，B製品どちらも外注費が発生するようなケースでも，一般的には外注依頼した加工品種ごとに請求額の明示を受けるため，各製品別の金額割付けは比較的容易となるでしょう。ただし，その場合にはそれぞれの製品ごとの請求金額を区分して記録，集計しておくことが実務的に必要となります。

（労務費）

労務費は通常，労務用役に関する製品別利用割合を材料費のように可視的，

定量的に把握することができないコストです。この例においては，労務費の発生要因となる作業人員はA製品とB製品両方の製造加工に関わっているため，労務費を製品別に割り付ける必要が生じますが，そのためには何かしらの割付指標が必要となります。労務費の割付計算において通常利用される指標はそれぞれの製品製造に費やした時間量であるため（ここでは単純に作業時間と呼びます），この割合で労務費の割付計算を行うこととします。〈図表Ⅱ－7〉のとおりです。

〈図表Ⅱ－7〉労務費の割付計算

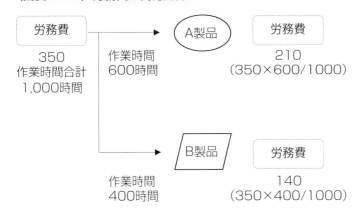

労務費は作業人員への労働対価として支払われるものであり，その対価は労働時間に応じて支払われるという考え方が一般的です。したがって，その発生コストの負担割合も，労働時間の活用割合に応じて行うというのが上記の考え方になります。この場合には，製品ごとに費やした作業時間をそれぞれ記録，集計しておくことが必要です。

ここでも実際に原価計算を行う上では様々な判断が生じます。例えば，そもそも「作業時間」はどこまでの時間を含めるべきなのか，という点です。学問的なあるべき論は当然存在しますが，初期段階でそこまで深く考える必要はありません。まずは，企業で「製造にかかった時間」と考えられる部分を比較的

幅広に捉えて決めれば事足ります。重要なことは一度定めた「作業時間」の定義についてはあまり頻繁に変更せず，全社統一的に継続利用することです。その上で仮に原価計算実務上の不都合が生じてきた場合には，その際に作業時間の定義を見直していけば問題はありません。"不都合"を感じる段階というのは相応に原価計算に対する理解が進んでいることを意味しますので，「作業時間」の定義について深く検討できるタイミングであるとも考えられます。

　そのほか，実務では労務費の中に様々な種類のコストが混在していることがあります。例えば，費目は同じ労務費であっても，中には製造活動に直接関与せず，機械のメンテナンスや工場事務作業などの間接業務に従事している人に対する賃金が含まれていることがあります。あるいは，製造活動と間接業務を両方行っている人もいるかもしれません。このような場合にも，当該労務費を一律「作業時間」で割付計算をしてよいのか，という疑問が生じ得ます。たしかに精緻な計算を目指すのであれば，間接業務に従事した労務費分については別の指標による割付けを検討すべきケースもあるでしょう。ただし，ここでも費用対効果を考慮する必要があります。仮にこのような間接業務に従事した労務費相当の割付計算を行う際に適した指標にはどのようなものがあるでしょうか？　一般的には，製品ごとの生産数量や生産時間，生産金額などが指標例として挙げられることがありますが，どの方法で割り付けても"完全に正確な原価計算"と呼べるような感覚を持つことは難しいと思われます。比較的妥当な計算という程度です。少し乱暴な言い方をすれば，原価計算とは所詮この程度のものなのです。それであれば実務負担を考慮し，割り切って「作業時間」で一律同じように割付計算をしてしまうことも選択肢としてはあり得ます。

## （減価償却費（機械装置））

　機械装置の設備費用は会計上減価償却費として認識されます（第Ⅰ章7頁参照）。したがって，当該設備費用の割付けは，減価償却費の割付けということになります。本事例では，機械装置はA製品とB製品の製造で利用していますので，双方に割付計算が必要となります。機械設備費用については，労務費と

同様に製造した製品から可視的，定量的にその利用割合がわからないコストですが，その機械利用時間によって製品別の使用割合を把握できるため，機械稼働時間によって割付計算を行うこととします。〈図表Ⅱ－8〉のとおりです。

〈図表Ⅱ－8〉減価償却費（機械装置）の割付計算

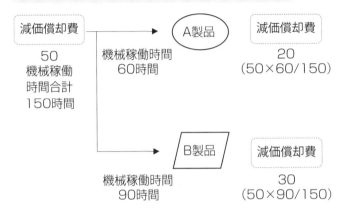

　なお，このケースでは，機械稼働時間を製品別に記録しておくことが必要となります。


（減価償却費（工場建物））

　工場建物の費用も会計上は減価償却費として認識されますので，減価償却費の割付けが原価計算になります。工場建物費用はまさに製造活動全体に関わる費用であり，個別の製品に紐づけすることが困難な費用であるため，何かしらの指標で割付けを行います。一般的には建物費用は，その利用割合を面積比で捉えることが可能であるため，面積比で割付計算を行うこととします。〈図表Ⅱ－9〉のとおりです。

〈図表Ⅱ－9〉減価償却費（工場建物）の割付計算

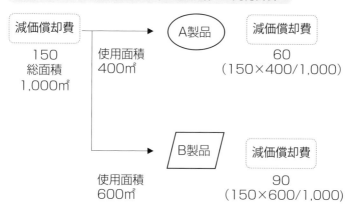

　なお，当然のことながら，製品ごとの使用面積を明確に分離できない場合や，共通的に利用するロケーションがあることも考えられます。この場合でも，そもそもある種の仮定計算であるという割り切りをしつつ，可能な範囲で実態に即した割付計算ができれば，細かい前提にこだわる必要はありません。総面積を分母にせずとも，明確に使用面積として特定できる部分のみを抽出し，その比率でもって割付計算を行う形でも十分かと思います。

（水道光熱費）

　最後に水道光熱費の割付けです。この費用も，工場全体に発生する費用であり，製品ごとの紐づけが難しいコストです。割付けも様々な方法が考えられますが，今回は，比較的捉えやすい定量指標である生産量で割付けをすることとします。〈図表Ⅱ－10〉のとおりです。

〈図表Ⅱ−10〉水道光熱費の割付計算

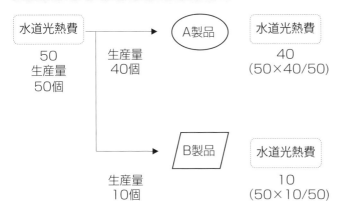

　水道光熱費の割付けは，ほかにも建物設備費と同様に面積比で行われること
もあります。実務的には候補となり得る指標の中で関連性の強さを判断軸にし
て最も適切な指標を選択していくことになりますが，いずれにせよ，正確な原
価割付けと呼べるほどの計算にならないということは感覚的にもおわかりいた
だけるかと思います。

（まとめ）
　これまでの原価割付計算例をまとめると〈図表Ⅱ−11〉，〈図表Ⅱ−12〉の
とおりになります。

## 〈図表II－11〉原価割付計算例（割付指標）

| 製造原価報告書（原価総額）1カ月分 | | 割付指標 | | | | 割付原価 | |
|---|---|---|---|---|---|---|---|
| | | 指標名 | A製品 | B製品 | 割付単価 | A製品 | B製品 |
| 材料費 | 300 | 投入量 | 60kg | 40kg | 3.00 | 180 | 120 |
| 賃金 | 300 | | | | | | |
| 法定福利費 | 50 | | | | | | |
| 労務費 | 350 | 作業時間 | 600時間 | 400時間 | 0.35 | 210 | 140 |
| 外注費 | 100 | － | － | － | | － | 100 |
| 減価償却費（機械装置） | 50 | 機械稼働時間 | 60時間 | 90時間 | 0.33 | 20 | 30 |
| 減価償却費（工場建物） | 150 | 面積比 | 400㎡ | 600㎡ | 0.15 | 60 | 90 |
| 水道光熱費 | 50 | 生産量 | 40個 | 10個 | 1.00 | 40 | 10 |
| 製造原価 | 1,000 | － | － | － | － | 510 | 490 |
| | | | | | 製品単価 | 13 | 49 |

　現実の原価計算は，さらに品種や費用項目が増えたり，割付計算が複雑になることはありますが，基本的な考え方は上記と同様です。要は製品に定量的に紐づけできる直接費は，当該定量数値に基づき割付けを行い，それができない間接費は何かしら別の指標で按分割付けを行うという単純な仕組みです。また実務的には，間接費の按分割付けに際しては，割付基準となる指標の記録という負担が生じることになります。したがって，できるだけ実務負担が少なくなるような簡便な割付指標を準備するということがポイントの1つと言えます。

〈図表Ⅱ−12〉原価計算割付例（全体イメージ）

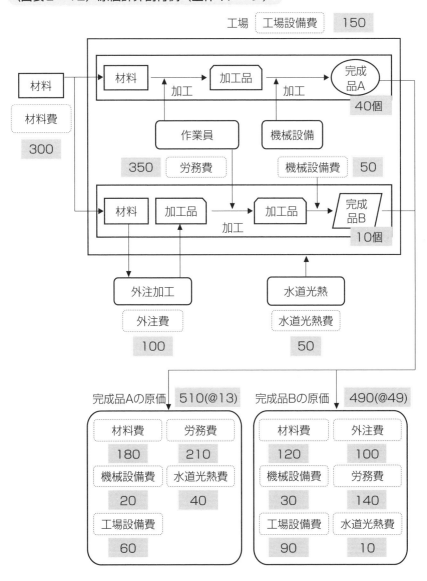

# 3．原価計算の活用

> 【ポイント】
> • 原価計算結果自体に着目するよりも，数値変化に着目
> • 原価計算結果は，「製品製造コスト」というよりは，「販売等により回収すべきコスト」のイメージ
> • 原価変動要因は，割付指標の変動から読み解く
> • 原価計算の目的はあくまで原価改善のヒントを得ること

　さて，原価計算の基本的な仕組みを理解したところで，ここからは実際に原価計算の活用方法についてみていきましょう。まず，原価計算を行う目的は企業によって様々ですが，その多くは，やはり原価管理，つまり実際の原価計算を行うことによって原価改善のヒントをつかみ，経営改善に活かしていくことでしょう。あるいは，実際の原価計算結果をみて，現在の売価設定や採算状況を確認するために活用するというケースもあるかもしれません。

　いずれにせよ，活用にあたって重要なことは原価計算の仕組みを理解し，その特徴について長所，短所を含めて把握しておくことです。繰り返しになりますが，原価計算は決して完璧なものではありません。様々な事象の発生によって計算結果が変わり得るものであり，違和感がある数値変化をもたらすこともあります。しかし，その数値変化には必ず意味があり，製造活動の改善に資する情報を提供してくれます。

　中小企業における原価計算の活用局面では，原価計算結果数値のみが着目され，数値が一人歩きをしてしまうケースも非常に多いですが，原価計算の効用は継続的な計算を通じた数値変化に着目することによって製造活動改善のヒントを探すことにあります。この点も踏まえ，実際に数値変化の例をみてみましょう。

　〈図表Ⅱ−13〉は２で説明したＡ製品およびＢ製品の原価計算結果です。以後この計算結果を基本パターンとして数値変化をみていきます。

## 〈図表Ⅱ-13〉製品原価計算例①（基本パターン）

A製品40個，B製品10個のケース

| 製造原価報告書（原価総額）1カ月分 | | 割付指標 | | | | 割付原価 | |
|---|---|---|---|---|---|---|---|
| | | 指標名 | A製品 | B製品 | 割付単価 | A製品 | B製品 |
| 材料費 | 300 | 投入量 | 60kg | 40kg | 3.00 | 180 | 120 |
| 労務費 | 350 | 作業時間 | 600時間 | 400時間 | 0.35 | 210 | 140 |
| 外注費 | 100 | － | － | － | | － | 100 |
| 減価償却費（機械装置） | 50 | 機械稼働時間 | 60時間 | 90時間 | 0.33 | 20 | 30 |
| 減価償却費（工場建物） | 150 | 面積比 | 400㎡ | 600㎡ | 0.15 | 60 | 90 |
| 水道光熱費 | 50 | 生産量 | 40個 | 10個 | 1.00 | 40 | 10 |
| 製造原価 | 1,000 | | | | | 510 | 490 |
| | | | | | 製品単価 | 13 | 49 |

　この数値例は，A製品を40個，B製品を10個生産した前提のもので，A製品の原価単価は13，B製品の原価単価は49でした。まずは，材料費の単価が上昇したケースでみてみましょう（〈図表Ⅱ-14〉）。

## 〈図表Ⅱ−14〉製品原価計算例②

### ● A製品40個，B製品10個のケース（基本パターン）

A製品40個，B製品10個のケース

| 製造原価報告書（原価総額）1カ月分 | | 割付指標 | | | | 割付原価 | |
|---|---|---|---|---|---|---|---|
| | | 指標名 | A製品 | B製品 | 割付単価 | A製品 | B製品 |
| 材料費 | 300 | 投入量 | 60kg | 40kg | 3.00 | 180 | 120 |
| 労務費 | 350 | 作業時間 | 600時間 | 400時間 | 0.35 | 210 | 140 |
| 外注費 | 100 | − | − | − | | − | 100 |
| 減価償却費（機械装置） | 50 | 機械稼働時間 | 60時間 | 90時間 | 0.33 | 20 | 30 |
| 減価償却費（工場建物） | 150 | 面積比 | 400㎡ | 600㎡ | 0.15 | 60 | 90 |
| 水道光熱費 | 50 | 生産量 | 40個 | 10個 | 1.00 | 40 | 10 |
| 製造原価 | 1,000 | | | | | 510 | 490 |
| | | | | | 製品単価 | 13 | 49 |

### ● A製品40個，B製品10個，材料単価Upのケース

A製品40個，B製品10個，材料単価Upのケース

| 製造原価報告書（原価総額）1カ月分 | | 割付指標 | | | | 割付原価 | |
|---|---|---|---|---|---|---|---|
| | | 指標名 | A製品 | B製品 | 割付単価 | A製品 | B製品 |
| 材料費 | 360 | 投入量 | 60kg | 40kg | 3.60 | 216 | 144 |
| 労務費 | 350 | 作業時間 | 600時間 | 400時間 | 0.35 | 210 | 140 |
| 外注費 | 100 | − | − | − | | − | 100 |
| 減価償却費（機械装置） | 50 | 機械稼働時間 | 60時間 | 90時間 | 0.33 | 20 | 30 |
| 減価償却費（工場建物） | 150 | 面積比 | 400㎡ | 600㎡ | 0.15 | 60 | 90 |
| 水道光熱費 | 50 | 生産量 | 40個 | 10個 | 1.00 | 40 | 10 |
| 製造原価 | 1,060 | | | | | 546 | 514 |
| | | | | | 製品単価 | 14 | 51 |

製品単価はA製品，B製品ともに上昇しています。材料単価自体が上がっているので，当然原価も上昇しており，この結果には何の違和感もないでしょう。

次に，A製品，B製品ともに材料消費量が増加したパターンで計算結果をみてみます（〈図表Ⅱ−15〉）。

〈図表Ⅱ−14〉のケースと同様にA製品，B製品ともに製品単価が上昇しています。

また，割付指標の投入量について，A製品，B製品ともに増加しており，購

## 〈図表Ⅱ−15〉製品原価計算例③

● A製品40個，B製品10個のケース（基本パターン）

A製品40個，B製品10個のケース

| 製造原価報告書（原価総額） | | 割付指標 | | | | 割付原価 | |
|---|---|---|---|---|---|---|---|
| 1カ月分 | | 指標名 | A製品 | B製品 | 割付単価 | A製品 | B製品 |
| 材料費 | 300 | 投入量 | 60kg | 40kg | 3.00 | 180 | 120 |
| 労務費 | 350 | 作業時間 | 600時間 | 400時間 | 0.35 | 210 | 140 |
| 外注費 | 100 | − | − | − | | − | 100 |
| 減価償却費（機械装置） | 50 | 機械稼働時間 | 60時間 | 90時間 | 0.33 | 20 | 30 |
| 減価償却費（工場建物） | 150 | 面積比 | 400㎡ | 600㎡ | 0.15 | 60 | 90 |
| 水道光熱費 | 50 | 生産量 | 40個 | 10個 | 1.00 | 40 | 10 |
| 製造原価 | 1,000 | | | | | 510 | 490 |

| | | 製品単価 | 13 | 49 |
|---|---|---|---|---|

● A製品40個，B製品10個，材料消費量Upのケース

A製品40個，B製品10個，材料消費量Upのケース

| 製造原価報告書（原価総額） | | 割付指標 | | | | 割付原価 | |
|---|---|---|---|---|---|---|---|
| 1カ月分 | | 指標名 | A製品 | B製品 | 割付単価 | A製品 | B製品 |
| 材料費 | 360 | 投入量 | 70kg | 50kg | 3.00 | 210 | 150 |
| 労務費 | 350 | 作業時間 | 600時間 | 400時間 | 0.35 | 210 | 140 |
| 外注費 | 100 | − | − | − | | − | 100 |
| 減価償却費（機械装置） | 50 | 機械稼働時間 | 60時間 | 90時間 | 0.33 | 20 | 30 |
| 減価償却費（工場建物） | 150 | 面積比 | 400㎡ | 600㎡ | 0.15 | 60 | 90 |
| 水道光熱費 | 50 | 生産量 | 40個 | 10個 | 1.00 | 40 | 10 |
| 製造原価 | 1,060 | | | | | 540 | 520 |

| | | 製品単価 | 14 | 52 |
|---|---|---|---|---|

入単価（割付単価）は変化していないものの，消費量が多くなったことにより，材料費額自体が増加し，その割付原価も大きくなっています。この結果も特段違和感はないと思います。なお，〈図表Ⅱ−14〉および〈図表Ⅱ−15〉の材料費額はどちらも〈図表Ⅱ−13〉と比較して60増加しており，金額に違いはありませんが，その増加要因は単価変動によるものであるのか，消費量変動によるものであるかの違いがあり，これは割付指標の変化を確認することによって把握できます。

次は，間接費である労務費に関連する指標が変化した場合の原価計算結果を
みてみましょう。〈図表Ⅱ－16〉はB製品の作業時間が480時間に増加し，労
務費金額が変化しない場合の計算結果です。

　結果をみると，B製品の製品単価は上昇し，A製品の製品単価は若干下がっ
ています。

　B製品については，作業時間が増加しているため，製品単価が上がっている
一方で，労務費金額は従前と同額のままとなっています。見方を変えれば同水

## 〈図表Ⅱ－16〉製品原価計算例④

● A製品40個，B製品10個のケース（基本パターン）

A製品40個，B製品10個のケース

| 製造原価報告書（原価総額） | | 割付指標 | | | | 割付原価 | |
|---|---|---|---|---|---|---|---|
| 1カ月分 | | 指標名 | A製品 | B製品 | 割付単価 | A製品 | B製品 |
| 材料費 | 300 | 投入量 | 60kg | 40kg | 3.00 | 180 | 120 |
| 労務費 | 350 | 作業時間 | 600時間 | 400時間 | 0.35 | 210 | 140 |
| 外注費 | 100 | － | － | － | － | － | 100 |
| 減価償却費（機械装置） | 50 | 機械稼働時間 | 60時間 | 90時間 | 0.33 | 20 | 30 |
| 減価償却費（工場建物） | 150 | 面積比 | 400㎡ | 600㎡ | 0.15 | 60 | 90 |
| 水道光熱費 | 50 | 生産量 | 40個 | 10個 | 1.00 | 40 | 10 |
| 製造原価 | 1,000 | | | | | 510 | 490 |

製品単価　13　49

● A製品40個，B製品10個，B製品作業時間80時間Up，労務費変化なしのケース

A製品40個，B製品10個，B製品作業時間80時間Up，労務費変化なしのケース

| 製造原価報告書（原価総額） | | 割付指標 | | | | 割付原価 | |
|---|---|---|---|---|---|---|---|
| 1カ月分 | | 指標名 | A製品 | B製品 | 割付単価 | A製品 | B製品 |
| 材料費 | 300 | 投入量 | 60kg | 40kg | 3.00 | 180 | 120 |
| 労務費 | 350 | 作業時間 | 600時間 | 480時間 | 0.32 | 194 | 156 |
| 外注費 | 100 | － | － | － | － | － | 100 |
| 減価償却費（機械装置） | 50 | 機械稼働時間 | 60時間 | 90時間 | 0.33 | 20 | 30 |
| 減価償却費（工場建物） | 150 | 面積比 | 400㎡ | 600㎡ | 0.15 | 60 | 90 |
| 水道光熱費 | 50 | 生産量 | 40個 | 10個 | 1.00 | 40 | 10 |
| 製造原価 | 1,000 | | | | | 494 | 506 |

製品単価　12　51

準の労務費負担額で全体としては多くの作業時間を確保できたとも言えますので，労務費全体の割付単価は下がっています。そしてこの労務効率改善の恩恵をＡ製品も受けたことにより，Ａ製品は製品単価が下がっているということが読み取れます。

それでは，仮に当該作業時間の増加が残業対応であったこと等により労務費金額も増加していた場合はどのようになるでしょうか（〈図表Ⅱ－17〉）。

## 〈図表Ⅱ－17〉製品原価計算例⑤

● Ａ製品40個，Ｂ製品10個のケース（基本パターン）

Ａ製品40個，Ｂ製品10個のケース

| 製造原価報告書（原価総額）1カ月分 | | 割付指標 | | | | 割付原価 | |
|---|---|---|---|---|---|---|---|
| | | 指標名 | A製品 | B製品 | 割付単価 | A製品 | B製品 |
| 材料費 | 300 | 投入量 | 60kg | 40kg | 3.00 | 180 | 120 |
| 労務費 | 350 | 作業時間 | 600時間 | 400時間 | 0.35 | 210 | 140 |
| 外注費 | 100 | － | | | | － | 100 |
| 減価償却費（機械装置） | 50 | 機械稼働時間 | 60時間 | 90時間 | 0.33 | 20 | 30 |
| 減価償却費（工場建物） | 150 | 面積比 | 400㎡ | 600㎡ | 0.15 | 60 | 90 |
| 水道光熱費 | 50 | 生産量 | 40個 | 10個 | 1.00 | 40 | 10 |
| 製造原価 | 1,000 | | | | | 510 | 490 |
| | | | | | 製品単価 | 13 | 49 |

● Ａ製品40個，Ｂ製品10個，Ｂ製品作業時間80時間Up，労務費30増加のケース

Ａ製品40個，Ｂ製品10個，Ｂ製品作業時間80時間Up，労務費30増加のケース

| 製造原価報告書（原価総額）1カ月分 | | 割付指標 | | | | 割付原価 | |
|---|---|---|---|---|---|---|---|
| | | 指標名 | A製品 | B製品 | 割付単価 | A製品 | B製品 |
| 材料費 | 300 | 投入量 | 60kg | 40kg | 3.00 | 180 | 120 |
| 労務費 | 380 | 作業時間 | 600時間 | 480時間 | 0.35 | 211 | 169 |
| 外注費 | 100 | － | | | | － | 100 |
| 減価償却費（機械装置） | 50 | 機械稼働時間 | 60時間 | 90時間 | 0.33 | 20 | 30 |
| 減価償却費（工場建物） | 150 | 面積比 | 400㎡ | 600㎡ | 0.15 | 60 | 90 |
| 水道光熱費 | 50 | 生産量 | 40個 | 10個 | 1.00 | 40 | 10 |
| 製造原価 | 1,030 | | | | | 511 | 519 |
| | | | | | 製品単価 | 13 | 52 |

B製品の製品単価はさらに上昇し、A製品の製品単価はほとんど変わりません。

これは、B製品は作業時間が増加したことに加え、労務費金額自体も増加したことによりさらに製品単価が上昇し、A製品も、労務費自体が増加しているため、労務効率改善の恩恵はなく、従前とほとんど製品単価が変わっていません。

では、次はA製品、B製品ともに作業効率が大幅に改善し、労務費、生産量に変化がないケースの原価計算結果をみてみましょう（〈図表Ⅱ-18〉）。

## 〈図表Ⅱ-18〉製品原価計算例⑥

### ● A製品40個、B製品10個のケース（基本パターン）

A製品40個、B製品10個のケース

| 製造原価報告書（原価総額） | | 割付指標 | | | | 割付原価 | |
|---|---|---|---|---|---|---|---|
| 1カ月分 | | 指標名 | A製品 | B製品 | 割付単価 | A製品 | B製品 |
| 材料費 | 300 | 投入量 | 60kg | 40kg | 3.00 | 180 | 120 |
| 労務費 | 350 | 作業時間 | 600時間 | 400時間 | 0.35 | 210 | 140 |
| 外注費 | 100 | − | − | − | − | − | 100 |
| 減価償却費（機械装置） | 50 | 機械稼働時間 | 60時間 | 90時間 | 0.33 | 20 | 30 |
| 減価償却費（工場建物） | 150 | 面積比 | 400㎡ | 600㎡ | 0.15 | 60 | 90 |
| 水道光熱費 | 50 | 生産量 | 40個 | 10個 | 1.00 | 40 | 10 |
| 製造原価 | 1,000 | | | | | 510 | 490 |

製品単価　13　49

### ● A製品40個、B製品10個、A製品、B製品作業時間30時間Down、労務費変化なしのケース

A製品40個、B製品10個、A製品,B製品作業時間30時間Down、労務費変化なしのケース

| 製造原価報告書（原価総額） | | 割付指標 | | | | 割付原価 | |
|---|---|---|---|---|---|---|---|
| 1カ月分 | | 指標名 | A製品 | B製品 | 割付単価 | A製品 | B製品 |
| 材料費 | 300 | 投入量 | 60kg | 40kg | 3.00 | 180 | 120 |
| 労務費 | 350 | 作業時間 | 570時間 | 370時間 | 0.37 | 212 | 138 |
| 外注費 | 100 | − | − | − | − | − | 100 |
| 減価償却費（機械装置） | 50 | 機械稼働時間 | 60時間 | 90時間 | 0.33 | 20 | 30 |
| 減価償却費（工場建物） | 150 | 面積比 | 400㎡ | 600㎡ | 0.15 | 60 | 90 |
| 水道光熱費 | 50 | 生産量 | 40個 | 10個 | 1.00 | 40 | 10 |
| 製造原価 | 1,000 | | | | | 512 | 488 |

製品単価　13　49

結果は，A製品，B製品ともに製品単価にほとんど変化はありません。

　なぜならば，いくらA製品，B製品の作業効率が改善したとしても，結果として労務費金額に変化がなければ，原価割付金額の総額は変わらないからです。実は，このような状況は頻繁に起こり得ます。労務費金額というのは，通常そこまで大きく変化しないものですので，作業効率が改善した場合にはそこで生まれた余剰時間をうまく活用することによって初めて原価改善の効果を得ることができます。市場環境がよく，販売量の増加が見込めるのであれば，生産量を増加させることによってその効果を形にすることが可能ですが，近年の経済環境下では，生産量の増加，すなわち販売量を増加させることは容易ではないことも多く，とりわけ，効率改善による時間の有効活用という点が非常に重要になっていると思われます。

　なお，仮にA製品，B製品ともに作業効率によって捻出した時間を生産量の増加に振り向けたパターンでは，原価計算結果は〈図表Ⅱ-19〉のとおりとなります。

### 〈図表Ⅱ-19〉製品原価計算例⑦

● A製品40個，B製品10個のケース（基本パターン）

A製品40個，B製品10個のケース

| 製造原価報告書（原価総額） | | 割付指標 | | | | 割付原価 | |
|---|---|---|---|---|---|---|---|
| 1カ月分 | | 指標名 | A製品 | B製品 | 割付単価 | A製品 | B製品 |
| 材料費 | 300 | 投入量 | 60kg | 40kg | 3.00 | 180 | 120 |
| 労務費 | 350 | 作業時間 | 600時間 | 400時間 | 0.35 | 210 | 140 |
| 外注費 | 100 | ― | ― | ― | ― | ― | 100 |
| 減価償却費（機械装置） | 50 | 機械稼働時間 | 60時間 | 90時間 | 0.33 | 20 | 30 |
| 減価償却費（工場建物） | 150 | 面積比 | 400㎡ | 600㎡ | 0.15 | 60 | 90 |
| 水道光熱費 | 50 | 生産量 | 40個 | 10個 | 1.00 | 40 | 10 |
| 製造原価 | 1,000 | | | | | 510 | 490 |

製品単価 | 13 | 49

● A製品42個，B製品12個，労務費変化なしのケース

A製品42個，B製品12個，労務費変化なしのケース

| 製造原価報告書（原価総額） | | 割付指標 | | | | 割付原価 | |
|---|---|---|---|---|---|---|---|
| 1カ月分 | | 指標名 | A製品 | B製品 | 割付単価 | A製品 | B製品 |
| 材料費 | 333 | 投入量 | 63kg | 48kg | 3.00 | 189 | 144 |
| 労務費 | 350 | 作業時間 | 600時間 | 400時間 | 0.35 | 210 | 140 |
| 外注費 | 120 | ― | ― | ― | ― | ― | 120 |
| 減価償却費（機械装置） | 50 | 機械稼働時間 | 63時間 | 108時間 | 0.29 | 18 | 32 |
| 減価償却費（工場建物） | 150 | 面積比 | 400㎡ | 600㎡ | 0.15 | 60 | 90 |
| 水道光熱費 | 50 | 生産量 | 42個 | 12個 | 0.93 | 39 | 11 |
| 製造原価 | 1,053 | | | | | 516 | 537 |

製品単価 | 12 | 45

　このパターンは従前と同じ作業時間でより多くの生産量を確保できたことを意味するため，A製品，B製品ともに製品単価が下がる結果となります。つまり，このようなケースでは作業効率の改善が数値反映されることになります。

　最後にもう1つだけ数値例をご紹介します。

　B製品の生産量が10個から5個に減少し，労務費や減価償却費，水道光熱費等その他指標には変化がないケースです。

## 〈図表Ⅱ－20〉製品原価計算例⑧

### ● A製品40個，B製品10個のケース（基本パターン）

A製品40個，B製品10個のケース

| 製造原価報告書（原価総額） | | 割付指標 | | | | 割付原価 | |
|---|---|---|---|---|---|---|---|
| 1カ月分 | | 指標名 | A製品 | B製品 | 割付単価 | A製品 | B製品 |
| 材料費 | 300 | 投入量 | 60kg | 40kg | 3.00 | 180 | 120 |
| 労務費 | 350 | 作業時間 | 600時間 | 400時間 | 0.35 | 210 | 140 |
| 外注費 | 100 | | | | | – | 100 |
| 減価償却費（機械装置） | 50 | 機械稼働時間 | 60時間 | 90時間 | 0.33 | 20 | 30 |
| 減価償却費（工場建物） | 150 | 面積比 | 400㎡ | 600㎡ | 0.15 | 60 | 90 |
| 水道光熱費 | 50 | 生産量 | 40個 | 10個 | 1.00 | 40 | 10 |
| 製造原価 | 1,000 | | | | | 510 | 490 |

製品単価

| 13 | 49 |
|---|---|

### ● A製品40個，B製品5個のケース

A製品40個，B製品5個のケース

| 製造原価報告書（原価総額） | | 割付指標 | | | | 割付原価 | |
|---|---|---|---|---|---|---|---|
| 1カ月分 | | 指標名 | A製品 | B製品 | 割付単価 | A製品 | B製品 |
| 材料費 | 240 | 投入量 | 60kg | 20kg | 3.00 | 180 | 60 |
| 労務費 | 350 | 作業時間 | 600時間 | 200時間 | 0.44 | 263 | 88 |
| 外注費 | 50 | – | – | – | | – | 50 |
| 減価償却費（機械装置） | 50 | 機械稼働時間 | 60時間 | 45時間 | 0.48 | 29 | 21 |
| 減価償却費（工場建物） | 150 | 面積比 | 400㎡ | 600㎡ | 0.15 | 60 | 90 |
| 水道光熱費 | 50 | 生産量 | 40個 | 5個 | 1.11 | 44 | 6 |
| 製造原価 | 890 | | | | | 576 | 314 |

製品単価

| 14 | 63 |
|---|---|

　製品単価の結果だけをみると，A製品，B製品ともに製品単価が上昇しています。

　費目別にみていくと，材料費についてはB製品の生産が減少しているため，投入量も当然減少し，その原価総額が減少しています。また，外注費もB製品の生産減少に伴い原価総額が減少しています。割付指標については，B製品の材料の投入量が減少し，作業時間，機械稼働時間，生産量も減少しています。一方で，労務費や減価償却費（機械装置・工場建物），水道光熱費はB製品の

生産量が減少してもその発生額が減少しない前提であるため，原価総額は変わっていません。これは，B製品の生産量が減少したことにより，工場全体での稼働が落ちた結果，それぞれの製品が負担すべきコストが増加している状況を示しています。つまり，現状の人員規模や設備を維持している前提では，生産量が落ちれば原価高になってしまうということです。

　ここまでの数値例をみると，原価計算結果がいかに様々な前提条件で変化してしまうかということがおわかりいただけると思います。特に〈図表Ⅱ－20〉のケースでは，A製品，B製品ともに，材料購入単価が上昇したわけでもなく，生産効率が落ちたわけでもなく，労務費等の間接費が増加したわけでもないにもかかわらず，製品原価が上昇したようにみえてしまうため，少し違和感を持つ方もいるかもしれませんが，原価計算とはそもそもこのような要素を持つものです。仕組みを理解していれば，当たり前の話なのですが，計算ロジックを理解せずに結果だけをみてしまうと，「製造活動に何も問題がないのになぜ製品原価単価が上がったのか？　そもそもこの原価計算は正しいのか？」といった疑念が湧いてしまうこともあります。これは，原価計算結果が「製品を製造するためにかかったコスト」であるという特徴に過度な期待をしているためです。もちろん，その側面はあるのですが，これまで述べてきたように原価計算とはそもそもある種不完全な要素を多分に含んでいるものであるため，その計算結果には限界があります。どちらかと言えば，原価計算結果は「販売等により回収すべきコストの目安」であるという見方をしたほうが感覚に馴染むように思います。

〈図表Ⅱ-21〉原価計算結果の特徴

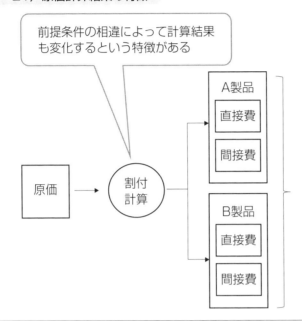

「製品を製造するためにかかったコスト」だけではなく，「販売等により回収すべきコストの目安」という見方をすることも重要

　それではこのような原価計算結果をどのように活用していけばよいのでしょうか。1つの方法としては，月次推移等による比較推移情報の分析が挙げられます。仮に〈図表Ⅱ-13〉から〈図表Ⅱ-20〉までの原価計算結果を毎月の計算結果だと仮定して数値を並べてみます（〈図表Ⅱ-22〉）。

## 〈図表Ⅱ−22〉原価計算結果の月次推移

| 勘定科目 | | 1月 | 2月 | 3月 | 4月 | 5月 | 6月 | 7月 | 8月 |
|---|---|---|---|---|---|---|---|---|---|
| | | Ⅱ-13 | Ⅱ-14 | Ⅱ-15 | Ⅱ-16 | Ⅱ-17 | Ⅱ-18 | Ⅱ-19 | Ⅱ-20 |
| 材料費 | | 300 | 360 | 360 | 300 | 300 | 300 | 333 | 240 |
| | 賃金 | 300 | 300 | 300 | 300 | 330 | 300 | 300 | 300 |
| | 法定福利費 | 50 | 50 | 50 | 50 | 50 | 50 | 50 | 50 |
| 労務費 | | 350 | 350 | 350 | 350 | 380 | 350 | 350 | 350 |
| 外注費 | | 100 | 100 | 100 | 100 | 100 | 100 | 120 | 50 |
| 減価償却費（機械装置） | | 50 | 50 | 50 | 50 | 50 | 50 | 50 | 50 |
| 減価償却費（工場建物） | | 150 | 150 | 150 | 150 | 150 | 150 | 150 | 150 |
| 水道光熱費 | | 50 | 50 | 50 | 50 | 50 | 50 | 50 | 50 |
| 製造原価 | | 1,000 | 1,060 | 1,060 | 1,000 | 1,030 | 1,000 | 1,053 | 890 |

製品単価

| | 1月 | 2月 | 3月 | 4月 | 5月 | 6月 | 7月 | 8月 |
|---|---|---|---|---|---|---|---|---|
| A製品 | 13 | 14 | 14 | 12 | 13 | 13 | 12 | 14 |
| B製品 | 49 | 51 | 52 | 51 | 52 | 49 | 45 | 63 |

## 〈図表Ⅱ−23〉製造原価報告書の情報

| 月 | 製造原価 |
|---|---|
| 1月 | ― |
| 2月 | 材料費↑ |
| 3月 | 材料費↑ |
| 4月 | ― |
| 5月 | 労務費↑ |
| 6月 | ― |
| 7月 | 材料費↑，外注費↑ |
| 8月 | 材料費↓，外注費↓ |

（注）2月以降の変動情報は1月との比較に基づく。

　〈図表Ⅱ−22〉，〈図表Ⅱ−23〉のとおり，各月費目ごとに原価の増減が把握できますが，これだけではそれぞれの増減要因がわかりません。

　そこで，製品別原価計算結果についてもその割付指標とともに推移情報を並べてみることにします。〈図表Ⅱ−24〉のとおりです。

## 〈図表Ⅱ-24〉製品別原価および割付指標の推移

### （製品別原価推移）

| | 1月 Ⅱ-13 A製品 | B製品 | 2月 Ⅱ-14 A製品 | B製品 | 3月 Ⅱ-15 A製品 | B製品 | 4月 Ⅱ-16 A製品 | B製品 |
|---|---|---|---|---|---|---|---|---|
| 製品単価 | 13 | 49 | 14 | 51 | 14 | 52 | 12 | 51 |
| 材料費 | 180 | 120 | 216 | 144 | 210 | 150 | 180 | 120 |
| 労務費 | 210 | 140 | 210 | 140 | 210 | 140 | 194 | 156 |
| 外注費 | － | 100 | － | 100 | － | 100 | － | 100 |
| 減価償却費（機械装置） | 20 | 30 | 20 | 30 | 20 | 30 | 20 | 30 |
| 減価償却費（工場建物） | 60 | 90 | 60 | 90 | 60 | 90 | 60 | 90 |
| 水道光熱費 | 40 | 10 | 40 | 10 | 40 | 10 | 40 | 10 |
| 製造原価 | 510 | 490 | 546 | 514 | 540 | 520 | 494 | 506 |
| 製造原価合計 | | 1,000 | | 1,060 | | 1,060 | | 1,000 |

| | 5月 Ⅱ-17 A製品 | B製品 | 6月 Ⅱ-18 A製品 | B製品 | 7月 Ⅱ-19 A製品 | B製品 | 8月 Ⅱ-20 A製品 | B製品 |
|---|---|---|---|---|---|---|---|---|
| 製品単価 | 13 | 52 | 13 | 49 | 12 | 45 | 14 | 63 |
| 材料費 | 180 | 120 | 180 | 120 | 189 | 144 | 180 | 60 |
| 労務費 | 211 | 169 | 212 | 138 | 210 | 140 | 263 | 88 |
| 外注費 | － | 100 | － | 100 | － | 120 | － | 50 |
| 減価償却費（機械装置） | 20 | 30 | 20 | 30 | 18 | 32 | 29 | 21 |
| 減価償却費（工場建物） | 60 | 90 | 60 | 90 | 60 | 90 | 60 | 90 |
| 水道光熱費 | 40 | 10 | 40 | 10 | 39 | 11 | 44 | 6 |
| 製造原価 | 511 | 519 | 512 | 488 | 516 | 537 | 576 | 314 |
| 製造原価合計 | | 1,030 | | 1,000 | | 1,053 | | 890 |

### （割付指標推移）

| | 指標名 | 1月 Ⅱ-13 A製品 | B製品 | 割付単価 | 2月 Ⅱ-14 A製品 | B製品 | 割付単価 |
|---|---|---|---|---|---|---|---|
| 材料費 | 投入量 | 60kg | 40kg | 3.00 | 60kg | 40kg | 3.60 |
| 労務費 | 作業時間 | 600時間 | 400時間 | 0.35 | 600時間 | 400時間 | 0.35 |
| 外注費 | － | － | － | － | － | － | － |

| | 指標名 | A製品 | B製品 | 割付単価 | A製品 | B製品 | 割付単価 |
|---|---|---|---|---|---|---|---|
| 減価償却費（機械装置） | 機械稼働時間 | 60時間 | 90時間 | 0.33 | 60時間 | 90時間 | 0.33 |
| 減価償却費（工場建物） | 面積比 | 400㎡ | 600㎡ | 0.15 | 400㎡ | 600㎡ | 0.15 |
| 水道光熱費 | 生産量 | 40個 | 10個 | 1.00 | 40個 | 10個 | 1.00 |

| | | 3月 | | | 4月 | | |
|---|---|---|---|---|---|---|---|
| | | Ⅱ-15 | | | Ⅱ-16 | | |
| | 指標名 | A製品 | B製品 | 割付単価 | A製品 | B製品 | 割付単価 |
| 材料費 | 投入量 | 70kg | 50kg | 3.00 | 60kg | 40kg | 3.00 |
| 労務費 | 作業時間 | 600時間 | 400時間 | 0.35 | 600時間 | 480時間 | 0.32 |
| 外注費 | － | － | － | － | － | － | － |
| 減価償却費（機械装置） | 機械稼働時間 | 60時間 | 90時間 | 0.33 | 60時間 | 90時間 | 0.33 |
| 減価償却費（工場建物） | 面積比 | 400㎡ | 600㎡ | 0.15 | 400㎡ | 600㎡ | 0.15 |
| 水道光熱費 | 生産量 | 40個 | 10個 | 1.00 | 40個 | 10個 | 1.00 |

| | | 5月 | | | 6月 | | |
|---|---|---|---|---|---|---|---|
| | | Ⅱ-17 | | | Ⅱ-18 | | |
| | 指標名 | A製品 | B製品 | 割付単価 | A製品 | B製品 | 割付単価 |
| 材料費 | 投入量 | 60kg | 40kg | 3.00 | 60kg | 40kg | 3.00 |
| 労務費 | 作業時間 | 600時間 | 480時間 | 0.35 | 570時間 | 370時間 | 0.37 |
| 外注費 | － | － | － | － | － | － | － |
| 減価償却費（機械装置） | 機械稼働時間 | 60時間 | 90時間 | 0.33 | 60時間 | 90時間 | 0.33 |
| 減価償却費（工場建物） | 面積比 | 400㎡ | 600㎡ | 0.15 | 400㎡ | 600㎡ | 0.15 |
| 水道光熱費 | 生産量 | 40個 | 10個 | 1.00 | 40個 | 10個 | 1.00 |

| | | 7月 | | | 8月 | | |
|---|---|---|---|---|---|---|---|
| | | Ⅱ-19 | | | Ⅱ-20 | | |
| | 指標名 | A製品 | B製品 | 割付単価 | A製品 | B製品 | 割付単価 |
| 材料費 | 投入量 | 63kg | 48kg | 3.00 | 60kg | 20kg | 3.00 |
| 労務費 | 作業時間 | 600時間 | 400時間 | 0.35 | 600時間 | 200時間 | 0.44 |
| 外注費 | － | － | － | － | － | － | － |
| 減価償却費（機械装置） | 機械稼働時間 | 63時間 | 108時間 | 0.29 | 60時間 | 45時間 | 0.48 |
| 減価償却費（工場建物） | 面積比 | 400㎡ | 600㎡ | 0.15 | 400㎡ | 600㎡ | 0.15 |
| 水道光熱費 | 生産量 | 42個 | 12個 | 0.93 | 40個 | 5個 | 1.11 |

〈図表Ⅱ－25〉は製造原価報告書の情報に製品別原価計算の情報を加えたものですが，〈図表Ⅱ－22〉および〈図表Ⅱ－23〉と比較すると各段に情報量が増え，コストの変動要因にあたりがつけやすくなっています。そもそも原価計算の目的の１つは，当該計算を通じて，原価改善に資する情報を得ることで

あり，まさに〈図表Ⅱ−25〉の最右列に示している内容がその情報になります。

　なお，原価情報の分析にあたっては，全ての変動要因を詳細に明らかにする必要はありません。分析の目的はあくまで原価改善のヒントを探すことにあるため，そのきっかけをつかむ情報にさえなっていれば，問題はないためです。実際のところ，原価計算について必ずしも精緻な計算にこだわる必要がない理由も，原価改善のきっかけを与えるという本来の目的達成の阻害要因にはそこまでならないためです。ただし，いったん決めた割付けのルール等については，むやみに変更することは避ける必要があります。なぜならば，原価情報（特に粗い計算前提の原価情報）の活用は，比較することによってその情報に価値が生まれるためです。〈図表Ⅱ−25〉のように毎月の原価情報を比較するにあたって，各月の割付前提が異なってしまえば，その比較情報に意味はなくなります。したがって，計算前提の継続性については徹底する必要があります。

〈図表Ⅱ−25〉原価計算結果の月次推移（割付指標追加）

| 製造原価報告書の情報 | | 製品別原価計算の情報 | | | | | 状況推測および改善活動のヒント |
|---|---|---|---|---|---|---|---|
| 月 | 製造原価 | 製品単価 | 割付指標 | | | | |
| 1月 | ー | ー | ー | | | | ー |
| 2月 | 材料費↑ | A製品↑,B製品↑ | 材料投入量 | ー | 材料割付単価 | ↑ | ●材料費増加の原因は材料購入単価の上昇<br>●A製品,B製品両方に影響 |
| | | | 作業時間 | ー | 作業時間割付単価 | ー | |
| | | | 機械稼働時間 | ー | 減価償却費割付単価 | ー | |
| | | | 生産量 | ー | 水道光熱費割付単価 | ー | |
| 3月 | 材料費↑ | A製品↑,B製品↑ | 材料投入量 | A製品↑,B製品↑ | 材料割付単価 | ー | ●材料費増加の原因は材料消費量の増加<br>●A製品,B製品両方に影響 |
| | | | 作業時間 | | 作業時間割付単価 | ー | |
| | | | 機械稼働時間 | | 減価償却費割付単価 | ー | |
| | | | 生産量 | | 水道光熱費割付単価 | ー | |

| 月 | 製造原価 | 製品単価 | 割付指標 | | | | 状況推測および改善活動のヒント |
|---|---|---|---|---|---|---|---|
| 4月 | — | A製品↓,<br>B製品↑ | 材料投入量 | — | 材料割付単価 | — | • B製品の作業効率悪化の可能性<br>• 作業人員の稼働割合は改善（作業時間割付単価↓） |
| | | | 作業時間 | B製品↑ | 作業時間割付単価 | ↓ | |
| | | | 機械稼働時間 | — | 減価償却費割付単価 | — | |
| | | | 生産量 | — | 水道光熱費割付単価 | — | |
| 5月 | 労務費↑ | B製品↑ | 材料投入量 | — | 材料割付単価 | — | • 労務費増加の原因はB製品 |
| | | | 作業時間 | — | 作業時間割付単価 | — | |
| | | | 機械稼働時間 | — | 減価償却費割付単価 | — | |
| | | | 生産量 | — | 水道光熱費割付単価 | — | |
| 6月 | — | — | 材料投入量 | — | 材料割付単価 | — | • A製品, B製品の作業効率改善の可能性<br>• 改善による余剰時間の活用に課題あり（作業時間割付単価↑） |
| | | | 作業時間 | A製品↓,<br>B製品↓ | 作業時間割付単価 | ↑ | |
| | | | 機械稼働時間 | — | 減価償却費割付単価 | — | |
| | | | 生産量 | — | 水道光熱費割付単価 | — | |
| 7月 | 材料費↑,<br>外注費↑ | A製品↓,<br>B製品↓ | 材料投入量 | A製品↑,<br>B製品↑ | 材料割付単価 | — | • 材料費, 外注費の増加要因はA製品, B製品生産量の増加<br>• 作業時間が変化せずに生産量が増加しているため, 作業効率改善（または余剰時間の活用）の可能性<br>• 生産量が増加しているが減価償却費, 水道光熱費は増加していない（割付単価↓） |
| | | | 作業時間 | — | 作業時間割付単価 | — | |
| | | | 機械稼働時間 | A製品↑,<br>B製品↑ | 減価償却費割付単価 | ↓ | |
| | | | 生産量 | A製品↑,<br>B製品↑ | 水道光熱費割付単価 | ↓ | |
| 8月 | 材料費↓,<br>外注費↓ | A製品↑,<br>B製品↑ | 材料投入量 | B製品↓ | 材料割付単価 | — | • 材料費, 外注費の減少要因はB製品生産量の減少<br>• 生産量が減少しているが間接費は減少していない（材料以外の割付単価↑） |
| | | | 作業時間 | B製品↓ | 作業時間割付単価 | ↑ | |
| | | | 機械稼働時間 | B製品↓ | 減価償却費割付単価 | ↑ | |
| | | | 生産量 | B製品↓ | 水道光熱費割付単価 | ↑ | |

〈図表Ⅱ-26〉原価変動要因の分析

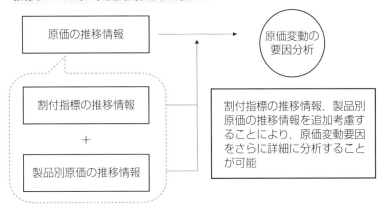

　さて，最後にもう１つ応用的な活用方法をご紹介しておきます。

　〈図表Ⅱ-24〉，〈図表Ⅱ-25〉のように継続的な原価計算を行うと，計算実績が積み上がることによって徐々に標準的な原価や目標とする原価というものがみえてきます。当然，材料の購入単価は変動しますし，生産量も一定ではないのが通常の企業活動ですが，それでも目線や目標とする数値はあるはずです。そこでこのような基準となる原価を設定し（原価計算では標準原価と呼ばれます），当該基準原価と実際の原価計算結果を比較することによって原価改善の糸口をみつけるという管理手法が応用的な活用方法です。

　例えば，〈図表Ⅱ-27〉は〈図表Ⅱ-24〉の１月～８月平均値を仮の基準値とし，これと２月（〈図表Ⅱ-14〉）実績値を比較したものです。基準値は必ずしも過去の平均値である必要は全くなく，企業が独自に設定することができます。平常時との差異，異常値の発生把握を目的とするのであれば，平均的な原価を基準とすればよいですし，原価改善活動の成果を把握する目的であれば，目標値を基準とすればよいでしょう。ここでも重要なことは，あまり細かい差異にこだわりすぎないことです。いかに計算ロジックが単純なものとはいえ，実際の原価計算プロセスはそれなりに細かい計算の積み上げになってきま

## 〈図表Ⅱ-27〉 基準原価との比較

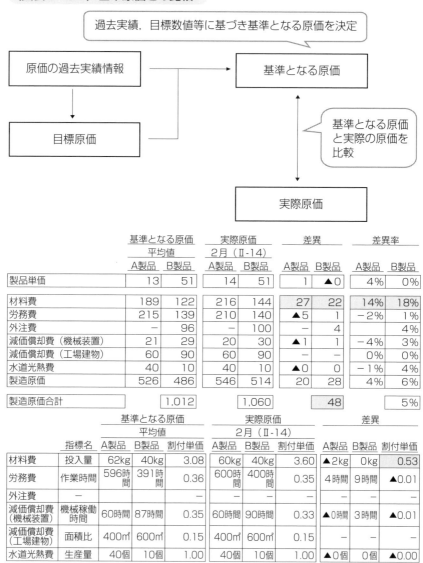

過去実績，目標数値等に基づき基準となる原価を決定

原価の過去実績情報 → 基準となる原価

目標原価

基準となる原価と実際の原価を比較

実際原価

| | 基準となる原価 平均値 | | 実際原価 2月（Ⅱ-14） | | 差異 | | 差異率 | |
|---|---|---|---|---|---|---|---|---|
| | A製品 | B製品 | A製品 | B製品 | A製品 | B製品 | A製品 | B製品 |
| 製品単価 | 13 | 51 | 14 | 51 | 1 | ▲0 | 4% | 0% |
| 材料費 | 189 | 122 | 216 | 144 | 27 | 22 | 14% | 18% |
| 労務費 | 215 | 139 | 210 | 140 | ▲5 | 1 | -2% | 1% |
| 外注費 | – | 96 | – | 100 | – | 4 | | 4% |
| 減価償却費（機械装置） | 21 | 29 | 20 | 30 | ▲1 | 1 | -4% | 3% |
| 減価償却費（工場建物） | 60 | 90 | 60 | 90 | – | – | 0% | 0% |
| 水道光熱費 | 40 | 10 | 40 | 10 | ▲0 | 0 | -1% | 4% |
| 製造原価 | 526 | 486 | 546 | 514 | 20 | 28 | 4% | 6% |
| 製造原価合計 | 1,012 | | 1,060 | | 48 | | 5% | |

| | 指標名 | 基準となる原価 平均値 | | | 実際原価 2月（Ⅱ-14） | | | 差異 | | |
|---|---|---|---|---|---|---|---|---|---|---|
| | | A製品 | B製品 | 割付単価 | A製品 | B製品 | 割付単価 | A製品 | B製品 | 割付単価 |
| 材料費 | 投入量 | 62kg | 40kg | 3.08 | 60kg | 40kg | 3.60 | ▲2kg | 0kg | 0.53 |
| 労務費 | 作業時間 | 596時間 | 391時間 | 0.36 | 600時間 | 400時間 | 0.35 | 4時間 | 9時間 | ▲0.01 |
| 外注費 | – | | | – | | | – | | | |
| 減価償却費（機械装置） | 機械稼働時間 | 60時間 | 87時間 | 0.35 | 60時間 | 90時間 | 0.33 | ▲0時間 | 3時間 | ▲0.01 |
| 減価償却費（工場建物） | 面積比 | 400㎡ | 600㎡ | 0.15 | 400㎡ | 600㎡ | 0.15 | – | – | – |
| 水道光熱費 | 生産量 | 40個 | 10個 | 1.00 | 40個 | 10個 | 1.00 | ▲0個 | 0個 | ▲0.00 |

す。差異の大きな要因に絞って分析するという方法が実務負担を考慮した現実的な活用になると思われます。

　なお，この数値例でいえば，製造原価総額は基準値の1,012に対して実際原価が1,060となっており，総額で48の差異がある状況です。そして，費目ごとの内訳をみると材料費で比較的大きな差異が生じており，さらに割付指標をみていくと割付単価で大きな差異がみられます。したがって，改善に向けたプロセスとしては，材料の購入単価を調査し，改善措置を検討していくといった流れが考えられます。

### コラム② 原価計算基準

　原価計算は実務的な運用の幅が広く，細かい厳密なルールもないことがその特徴の1つですが，原則的な規範は存在します。原価計算基準と呼ばれるものです。ただし，1962（昭和37）年に当時の大蔵省企業会計審議会が公表したものであり，かなり古い時代に作成されたものとなっています。当該基準は，「わが国現在の企業における原価計算の慣行のうちから，一般に公正妥当と認められるところを要約して設定されたもの」とされており，一定の実践規範としての位置づけになっています。一方で，「この基準は，個々の企業の原価計算手続を画一に規定するものではなく，個々の企業が有効な原価計算手続を規定し実施するための基本的なわくを明らかにしたものである。したがつて，企業が，その原価計算手続を規定するに当たつては，この基準が弾力性をもつものであることの理解のもとに，この基準にのつとり，業種，経営規模その他当該企業の個々の条件に応じて，実情に即するように適用されるべきものである。」とも述べられています。この記載ぶりからしても，原価計算はその目的に応じて柔軟に行われるべきものであると考えられます。実際の原価計算基準の原文は読みづらく専門的な用語も含まれていますが，本質的な考え方を示したものではあるため，ある程度原価計算に対する理解が進んだ段階で一度目を通す価値はあると思われます。

# 4. 原価計算導入の準備

【ポイント】
- 導入時検討項目を把握
- 事務負担や計算スケジュールを意識

　本章の最後に，原価計算制度を導入するにあたって必要な準備について説明します。

　〈図表Ⅱ－28〉は原価計算を導入するためのプロセスを表したものです。各プロセスにおいて原価計算を効果的に行うあるいは実務負担を軽減するためには，相応の工夫が必要となります。

〈図表Ⅱ－28〉原価計算の導入プロセス

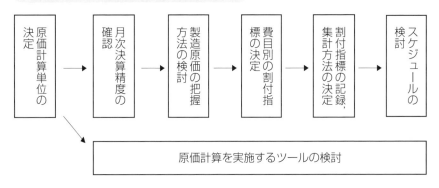

(1) 原価計算単位の決定

　最初に必要なことは，原価計算単位を決定することです。品種が少ない場合は製品別に原価計算を行うことも考えられますが，多品種のケースでは主要な製品に絞ることや，製品をグルーピングした単位で原価計算を行うこともあり得ます。原価計算の目的や実務負担を考慮して決定する必要があります。

〈図表Ⅱ-29〉原価計算単位の決定

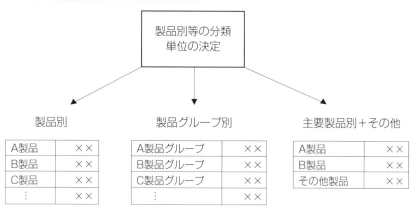

## (2) 月次決算精度の確認

次に確認しておくべき項目として月次決算の精度があります。

原価計算は通常月次で行われますので，元となる原価総額は月次の財務書類（製造原価報告書）から把握することになります。ここで，仮に月次財務書類の精度が低いと適切な原価管理を行うことが困難になります。例えば，月次数値に頻繁に誤りが生じるようなケースでは，せっかく原価計算を行ったとしても，実態と乖離している数値となりますので効果的な分析ができません。また，材料費については〈図表Ⅱ-30〉のように，月初在庫金額に当月の仕入を加算し，月末在庫金額を控除することによって算出されますので，在庫金額を月次で把握できる月次決算体制が必要となります。

〈図表Ⅱ-30〉材料費の計算

|  |  | 金額 |  |
|---|---|---|---|
|  | 月初在庫金額 | ×× | ＋ |
|  | 当月仕入 | ×× | ＋ |
|  | 月末在庫金額 | ▲×× | － |
| 材料費 |  | ×× |  |

そのほか，第Ⅰ章で紹介した固定資産の減価償却費や前払費用の償却（9頁）といった処理については，中小企業では年度末決算のタイミングのみで実施するケースも多いと思われますが，原価計算を行う上ではできるだけ月次ベースで処理を行うことが望ましいと考えられます。特に固定資産の減価償却費については原価に占める金額が非常に大きくなりやすく，これを考慮しなければ大幅に原価金額が変わってしまう可能性があるためです。月次処理は年度末ほど厳密な金額で処理を行う必要はありませんが，何らかの簡便的な数値であっても月次で認識しておくことが望まれます。前払費用の償却については，その金額的重要性と実務負担を考慮して月次での処理の必要性を判断すればいいでしょう。

### ⑶　製造原価の把握方法の検討

次は製造原価の把握方法の検討を行います。具体的には，通常作成されている製造原価報告書に基づき割付対象となる原価総額を把握することになりますが，その際に少しでも原価計算手続の実務負担を軽減するために可能な範囲で工夫をしておく必要があります。

例えば，材料費等の直接費については比較的製品別に直接紐づけしやすい費目ですので，可能な範囲で取引記録の段階から区分（補助科目等を利用）しておけば，製品ごとに振り分ける作業自体が不要になることもあります。

〈図表Ⅱ-31〉製造原価の把握方法の検討①

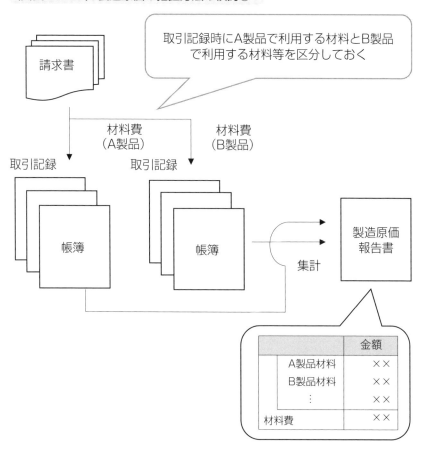

　あるいは，労務費についても特定の部・課ごとに金額を分けて割付計算を行う場合などでは，帳簿記録時にこれを区分（補助科目等を利用）しておくことで，原価計算時に必要なデータを取りやすくなるケースもあります。

〈図表Ⅱ-32〉製造原価の把握方法の検討②

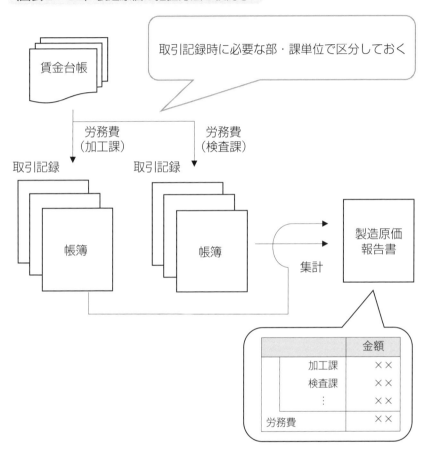

(4) 費目別の割付指標の決定

次に必要となるのが費目別の割付指標の決定です。

27頁以降で紹介しているとおり，費目ごとにできるだけ各製品の利用実態を反映するような割付指標を選択することが重要ですが，中小企業においてはできるだけ簡単に入手できる指標を選択し，あまり多くの指標を用いすぎないことも考慮すべきです。なぜならば，決定した指標については継続的に記録を

していかなければならないため実務負担が大きくなってしまうからです。また，51頁のような分析をしていくことも考慮すると，企業が着目ないし管理したい指標を選ぶことも大切です。原価管理は財務数値以外にこの割付指標の動きを絡めて分析するところにその妙がありますので，あまり注視すべきではない指標で割付けを行うとただの計算指標としての役割のみになってしまいます。これらを考慮すると，中小企業の実務においては結局のところ，作業時間や生産量といった指標が馴染むケースは多いと思われます。なお，生産量については，仮に割付指標として用いなかった場合でも，原価分析をしていく上では必要になることが非常に多いため，別途記録管理しておくことが望まれます。

〈図表Ⅱ－33〉割付指標の記録

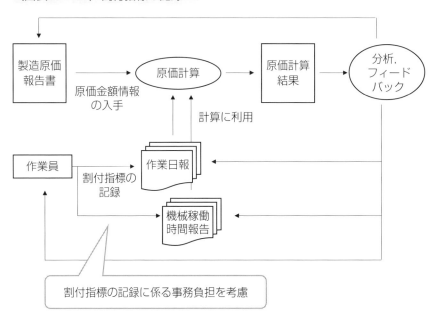

⑸　割付指標の記録，集計方法の決定

　割付指標を決定するにあたっては当該割付指標の定義を明確に定めておく必

要があります。例えば，作業時間を指標に定めたのであれば，どのような作業の時間を製品別に記録，集計しておくのかについて決めておくということです。一口に作業時間といっても，実際の加工時間やその準備時間，移動時間，清掃時間，修理時間など実務では様々な種類の時間が存在します。この中でどの時間までを選択すべきかについては，一般的には直接作業に要した時間（原価計算では直接作業時間と呼ばれます）を割付指標とするケースが多いとは思いますが，その理屈や根拠についてそこまでこだわる必要はありません。重要なことは全社統一的に正確に決めた範囲の時間で集計しておくことです。毎月，集計時間の範囲自体が変わってしまうと分析に資する原価計算を行うことが難しくなります。

　実務的には記録する作業日報などのフォーマットを細かく設定し，入力が統一化されるように工夫するとよいでしょう。また，当該情報は，最終的にデータとして活用するため，仮に手書き情報の状態で長く残してしまうと，原価計算時に膨大な手間が発生します（データ化作業の発生）。できるだけパソコン等へ直接データ入力を行う形にするか，手書きであってもパソコン等へのデータ入力を日々行うなどして，事務作業をため込まないようにする工夫も必要と考えられます。

〈図表Ⅱ－34〉 割付指標の記録

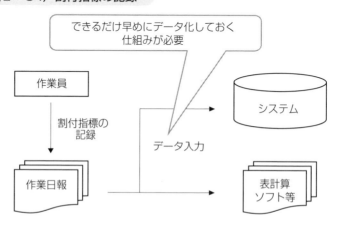

## ⑹ スケジュールの検討

　一連の作業の流れが固まったら，次に必要なことはスケジュールの検討です。原価計算は，これを分析し，製造過程の改善を促すことが目的ですので，スピード感をもって実施していくことも重要です。極端な話をすれば，原価計算に何カ月もかかっているようでは，情報の鮮度が落ちてしまい，現場の改善を促すきっかけになりにくいということです。したがって，一度組み立てた作業の流れがどれぐらいの期間で実行できるかシミュレーションをしてみるとよいでしょう。

　その上で，スケジュールの長期化の要因になっている項目を洗い出し，改善余地について検討する必要があります。スケジュール長期化の要因には，割付指標の情報入手に時間がかかる場合や，過度に分析深度を求めるケースなどが考えられます。そのような場合には，入手が容易な割付指標に変更することや分析対象を限定的にするといった事務負担を軽減する方法を検討することも必要です。原価管理の仕組みは現場を巻き込むことによってその効用が生じますので，フィードバックのスピード感は非常に重要です。仕組みの形骸化やモチベーションの低下を防ぐためには原価計算・分析の精緻化よりもスピードを優先することを視野に入れておく必要があります。

### 〈図表Ⅱ-35〉スケジュールの検討

| | 1日 | 2日 | 3日 | | ・・・・・・・ | | | | |
|---|---|---|---|---|---|---|---|---|---|
| 月次決算（製造原価報告書作成） | | | | | | | | | |
| 割付指標の集計，確認 | | | | | | | | | |
| 原価計算 | | | | | | | | | |
| 分析 | | | | | | | | | |
| フィードバック | | | | | | | | | |

## ⑺ 原価計算を実施するツールの検討

　最後に原価計算を実施するためのツールについて説明します。多くの場合，その選択はシステムを利用するか，簡易的な表計算ソフトで実施するかということになります。前述のとおり事務的な負担を減少させることやスピード感，正確性等を重視するのであれば，システムの利用検討は欠かせません。ただし，

その投資のタイミングについては慎重であるべきと思われます。原価計算システムの導入は中小企業にとっては相応のコスト負担になるケースが多いですが、システムを利用するにあたっては原価計算について基礎的な理解と実務対応能力が求められます。仕組みの理解が乏しい段階では、システムが提供する多くの機能を使いこなすことができず、費用対効果が非常に悪くなってしまうことが想定されます。分析結果をうまく活用するためには、多少の慣れと時間が必要というのが個人的な印象です。基礎的な理解を持つプロジェクトメンバー等が中心となって原価計算制度を導入するのであれば初期段階からシステムを投資し、実施していくことも当然ありますが、その点について不安が残るのであれば、いったんは簡易的な表計算ソフトを利用して簡便的な原価計算を体感していくことから始めるという選択肢もあると思います。一部の主要製品のみで実施してもよいですし、少々乱暴ですが、割付指標を1種類だけ利用してやってみるということも"コストの割付計算に対する慣れ"という意味では相応に効果がある方法です。システムは自動計算を可能にしますが、割付指標や計算の仕組みに関する設定を行うのはあくまで"人"です。また、システムによる計算は、一般に結果数値だけがはじき出されることから、その計算プロセスを確認しづらいことも多く、これを効果的に分析するためには"人"が計算の仕組みを理解しておくことが不可欠となるのです。

〈図表Ⅱ-36〉原価計算の仕組みの理解の必要性

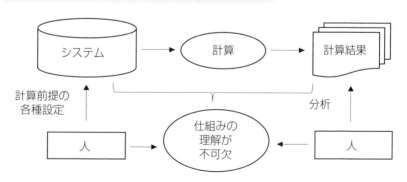

# 第Ⅲ章 損益管理

第Ⅲ章では損益管理をテーマに解説していきます。

「損益管理」が具体的に何を指すかについては様々な考え方がありますが，本書では損益，すなわち収益と費用の差引から計算される利益ないし損失をコントロールするための管理と捉えています。中小企業でも程度の差はあるにせよ何かしらの損益管理を実施しているケースは多く，その必要性を認識している企業も多いでしょう。ただし，損益管理の切り口には無数のパターンが考えられ，その都度企業の目的に適合した形を選択していくことが重要になります。また，損益管理を行うためには通常作成されるPLだけでは資料として不十分なケースが圧倒的に多いため，別途管理資料の作成が必要となります。

## 1. 損益の分解

【ポイント】
• 明確な目的意識を持った損益分解が重要

まず，損益管理のために具体的に必要な作業は損益の分解です。通常作成される損益計算書は〈図表Ⅲ－1〉のように，売上高，売上総利益，営業利益，経常利益といった各段階損益の総額が把握できる形になっていますが，損益管理を行うためには，これを様々な切り口で分解した数値の把握が必要となります。したがって，最初に検討すべきテーマは損益分解の切り口を具体的に決定することになります。

〈図表Ⅲ－1〉 損益の分解

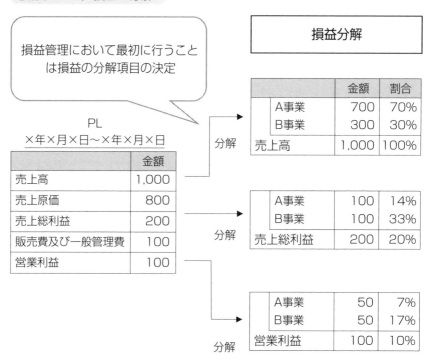

損益管理において最初に行うことは損益の分解項目の決定

損益分解

PL
×年×月×日～×年×月×日

| | 金額 |
|---|---|
| 売上高 | 1,000 |
| 売上原価 | 800 |
| 売上総利益 | 200 |
| 販売費及び一般管理費 | 100 |
| 営業利益 | 100 |

分解

| | | 金額 | 割合 |
|---|---|---|---|
| | A事業 | 700 | 70% |
| | B事業 | 300 | 30% |
| 売上高 | | 1,000 | 100% |

分解

| | | 金額 | 割合 |
|---|---|---|---|
| | A事業 | 100 | 14% |
| | B事業 | 100 | 33% |
| 売上総利益 | | 200 | 20% |

分解

| | | 金額 | 割合 |
|---|---|---|---|
| | A事業 | 50 | 7% |
| | B事業 | 50 | 17% |
| 営業利益 | | 100 | 10% |

　損益分解の切り口は，業種や事業規模等によっても様々なものがありますが，例えば売上高の分解に関して例を挙げるとすれば〈図表Ⅲ－2〉のようなイメージです。

## 〈図表Ⅲ－2〉損益分解（売上高）のイメージ例

事業別の分解

|  | |
|---|---|
| A事業 | ×× |
| B事業 | ×× |
| 売上高 | ×× |

製品別の分解

|  | |
|---|---|
| A製品 | ×× |
| B製品 | ×× |
| 売上高 | ×× |

店舗別の分解

|  | |
|---|---|
| A店 | ×× |
| B店 | ×× |
| 売上高 | ×× |

製品別の分解

|  | |
|---|---|
| 既存製品 | ×× |
| 新規製品 | ×× |
| 売上高 | ×× |

得意先別の分解

|  | |
|---|---|
| A社 | ×× |
| B社 | ×× |
| 売上高 | ×× |

製品別の分解

|  | |
|---|---|
| A製品グループ | ×× |
| B製品グループ | ×× |
| 売上高 | ×× |

地域別の分解

|  | |
|---|---|
| A地域 | ×× |
| B地域 | ×× |
| 売上高 | ×× |

担当者別の分解

|  | |
|---|---|
| 担当者A | ×× |
| 担当者B | ×× |
| 売上高 | ×× |

時間帯別の分解

|  | |
|---|---|
| ランチ | ×× |
| ディナー | ×× |
| 売上高 | ×× |

顧客属性別（性別）の分解

|  | |
|---|---|
| 男性 | ×× |
| 女性 | ×× |
| 売上高 | ×× |

受注ルート別の分解

|  | |
|---|---|
| ××経由 | ×× |
| ××経由 | ×× |
| 売上高 | ×× |

顧客属性別（年代別）の分解

|  | |
|---|---|
| 20代～30代 | ×× |
| 40代～ | ×× |
| 売上高 | ×× |

〈図表Ⅲ－2〉はあくまで一般的な例示ですが，ざっと挙げただけでもかなりのパターンがあり，細かく検討すると際限がありません。よって，明確な目的意識を持って損益分解の切り口を決めることが重要となります。一般的な損益分解要素を決定するポイントは，〈図表Ⅲ－3〉のとおりです。

〈図表Ⅲ－3〉損益分解のポイント

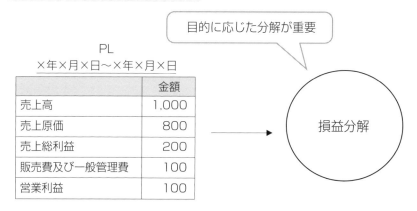

まず，損益管理を行う目的は，前述のとおり利益のコントロールであるため，利益率が異なる項目ごとに損益を分解するという考え方があります（①）。また，将来大きな変動が見込まれる項目があるのであれば，その動きを定量的に把握，予測するために当該項目を分解しておく必要が生じます（②）。あるいは，事業戦略において積極的に成長を目指す項目があるのであれば，その達成状況を将来把握するために当該項目を分解しておくことも必要になるでしょう

（③）。要は〈図表Ⅲ－2〉のような様々な切り口がある中で，自社の戦略や状況等に照らして把握すべき項目を検討し，それに沿った切り口を決定していくことが現実的な対応となるということです。そして，最後に考慮すべき点が事務負担です（④）。損益項目は細かく分解すればするほど有用な情報となりますが，そのためには分解した項目を記録しておく事務負担が生じます。損益管理は，それだけで売上や利益が増加するわけではなく，あくまでその効果を得るための企業活動に関して補助的なサポートをするものです。したがって，損益分解項目の決定に際しては，費用対効果や現実的に対応できる事務負担を考慮することも重要です。

## コラム③　セグメント情報

　　上場企業では，財務諸表利用者が当該企業の過去の業績を理解し，将来のキャッシュ・フローの予測を適切に評価できるように，企業が行う様々な事業活動の内容およびこれを行う経営環境に関して適切な情報を提供すること等を目的として，一定の事業区分等に応じた業績情報を開示することが求められています。一般にこれはセグメント情報と呼ばれ，上場企業が開示する財務書類（有価証券報告書と呼ばれます）において示されています。内容としては，本章で紹介したような事業別損益や地域別（海外，国内等），主要な顧客別の売上高などの情報が開示されます。ここで，どのようなセグメントで情報開示をするかという点，つまりは本章でいうところの「分解の切り口」については，経営者が企業の業績を評価するために使用する事業部等に基づき決定されるとされ（マネジメント・アプローチと呼ばれます），企業自らが主体的に決定していく考え方が取られています。

## 2．限界利益の概念

【ポイント】
・限界利益の概念は損益予測において有用

　次に１で紹介した分解とは少し違った視点の利益分解の概念についてご紹介します。限界利益と呼ばれるものです。限界利益とは，売上高から変動費を控除した利益概念であり，損益管理を行う上では非常に重要なものです。ここで変動費とは，売上高の増加や減少に連動して動く費用のことであり，一般的には材料費や他社商品（完成品）仕入，外注費などが該当します。一方で変動費以外の費用は固定費と呼ばれ，これは，売上高の増加や減少にかかわらず，おおむね一定の発生額となる費用のことを言います。一般的な固定費としては人件費や減価償却費等が挙げられます。

## 〈図表Ⅲ-4〉限界利益の概念

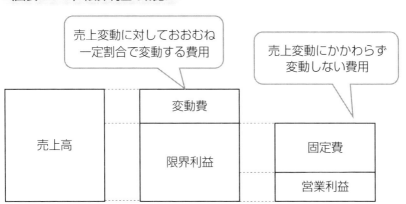

PL
×年×月×日～×年×月×日

|  | 金額 | 割合 |
|---|---|---|
| 売上高 | 1,000 | 100% |
| 売上原価 | 800 | 80% |
| 売上総利益 | 200 | 20% |
| 販売費及び一般管理費 | 100 | 10% |
| 営業利益 | 100 | 10% |

費用を変動費と
固定費に分解

PL
×年×月×日～×年×月×日

|  |  | 金額 | 割合 |
|---|---|---|---|
| 売上高 |  | 1,000 | 100% |
|  | 変動費 | 300 | 30% |
|  | 固定費 | 500 | 50% |
| 売上原価 |  | 800 | 80% |
| 売上総利益 |  | 200 | 20% |
|  | 変動費 | 20 | 2% |
|  | 固定費 | 80 | 8% |
| 販売費及び一般管理費 |  | 100 | 10% |
| 営業利益 |  | 100 | 10% |

変動PL
×年×月×日～×年×月×日

|  |  | 金額 | 割合 |
|---|---|---|---|
| 売上高 |  | 1,000 | 100% |
|  | 売上原価 | 300 | 30% |
|  | 販売費及び一般管理費 | 20 | 2% |
| 変動費 |  | 320 | 32% |
| 限界利益 |  | 680 | 68% |
|  | 売上原価 | 500 |  |
|  | 販売費及び一般管理費 | 80 |  |
| 固定費 |  | 580 |  |
| 営業利益 |  | 100 |  |

費用を変動費，固定費に分解し，組み替えた損益計算書は変動損益計算書（以下「変動PL」と言います）と呼ばれますが，この変動PLが最も有用な点は，損益予測が行いやすいことです。具体的な数値例で解説します（〈図表Ⅲ－5〉）。

　仮に×1期において1,000であった売上高が×2期に1,200に増加した場合に損益はいくらになるでしょうか？　〈図表Ⅲ－5〉は通常のPLに基づき，×1期の売上総利益率や販売費及び一般管理費率を利用して×2期の損益を推定したものですが，最終的な営業利益は×1期の100から×2期で120に増加する結果となっています。一見すると正しいようにも思えますが，実際にはかなり精度の低い予測となっている可能性があります。なぜならば，売上高が増加したとしても全ての費用が同じように増加するとは限らないためです。

### 〈図表Ⅲ－5〉損益予測例①

×1期

| | 金額 | 割合 |
|---|---|---|
| 売上高 | 1,000 | 100% |
| 売上原価 | 800 | 80% |
| 売上総利益 | 200 | 20% |
| 販売費及び一般管理費 | 100 | 10% |
| 営業利益 | 100 | 10% |

売上高が200増加した場合の損益は？？

×2期

| | 金額 | 割合 |
|---|---|---|
| 売上高 | 1,200 | 100% |
| 売上原価 | 960 | 80% |
| 売上総利益 | 240 | 20% |
| 販売費及び一般管理費 | 120 | 10% |
| 営業利益 | 120 | 10% |

　そこで，今度は変動PLを利用して損益予測をしてみましょう（〈図表Ⅲ－6〉）。

## 〈図表Ⅲ－6〉 損益予測例②

×1期

| | 金額 | 割合 |
|---|---|---|
| 売上高 | 1,000 | 100% |
| 　　変動費 | 300 | 30% |
| 　　固定費 | 500 | 50% |
| 売上原価 | 800 | 80% |
| 売上総利益 | 200 | 20% |
| 　　変動費 | 20 | 2% |
| 　　固定費 | 80 | 8% |
| 販売費及び一般管理費 | 100 | 10% |
| 営業利益 | 100 | 10% |

変動PLに組み替えた上で予測

変動PL
×1期

| | 金額 | 割合 |
|---|---|---|
| 売上高 | 1,000 | 100% |
| 　　売上原価 | 300 | 30% |
| 　　販売費及び一般管理費 | 20 | 2% |
| 変動費 | 320 | 32% |
| 限界利益 | 680 | 68% |
| 　　売上原価 | 500 | |
| 　　販売費及び一般管理費 | 80 | |
| 固定費 | 580 | |
| 営業利益 | 100 | |

売上高が200
増加した場合の
損益は？？

変動PL
×2期

| | 金額 | 割合 |
|---|---|---|
| 売上高 | 1,200 | 100% |
| 　　売上原価 | 360 | 30% |
| 　　販売費及び一般管理費 | 24 | 2% |
| 変動費 | 384 | 32% |
| 限界利益 | 816 | 68% |
| 　　売上原価 | 500 | |
| 　　販売費及び一般管理費 | 80 | |
| 固定費 | 580 | |
| 営業利益 | 236 | |

　売上高が200増加した結果，売上高に連動して変化する変動費については×1期の割合を利用して予測し，固定費は売上変動にかかわらず不変となるため，そのまま×1期の金額を予測値とした結果，営業利益は236となっています。言われてみれば当たり前のことなのですが，安易に通常PLから簡便な予測を行うと実態とはかなりの乖離が生じてしまうことがわかります。この限界利益の概念を知っているか否かで損益管理や予測の精度に大きな差が出てしまいますが，中小企業では当該概念が十分に活用されていない傾向があります。なお，

変動PLを利用して作成した予測損益を通常PLの形式に組み直すと〈図表Ⅲ－7〉のとおりとなります。通常のPLだけでは予測が困難な数値を把握できることがおわかりいただけるのではないでしょうか。

〈図表Ⅲ－7〉変動PLを利用した損益予測

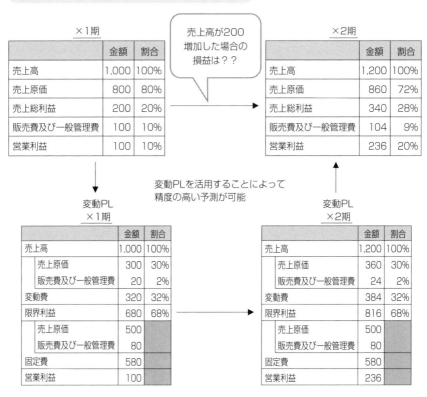

また，この変動PLのよいところは作成するためにそれほど手間がかからない点です。なぜならば，すでにPLにおいて示されている科目を利用すれば，費用を変動費，固定費に分類することが比較的容易であるためです。例えば，材料費や外注費であれば，おおむね変動費に，人件費，減価償却費であればおおむね固定費にといったように科目分類をそのまま変動費・固定費分類につなげることができるため，分類にあたって再度変動費，固定費を集計し直すような手間が発生しません。もちろん，厳密な分類を考えると，材料費の中に固定的なものが含まれていることもありますし，人件費の中に変動費要素が含まれていることもあるため，そこまで単純な分類作業にはなりません。ただし，実務ではそこまで細かい分類にこだわらず，ほぼ変動費要素が強い科目については変動費として取り扱い，それ以外の費用は固定費であるといういささか乱暴な前提を置いて活用することも多々あります。そのレベルの分類であったとしても変動PLは非常に有意義な情報を提供してくれます。なお，ここでいう固定費は，あくまで売上高変動に対して連動して動かない費用という意味であり，当然のことながら全くの不変費用というわけではありません。売上変動以外に，固定費が変動する要因が見込まれるのであれば，予測するに際して当該変動を織り込むことは別途必要です。

　次に，この変動PLを1で紹介した事業別等の損益分解と掛け合わせたケースを数値例でみてみましょう（〈図表Ⅲ－8〉）。

## 〈図表Ⅲ－8〉事業別損益（変動PL）

| PL ×1期 | | 金額 | 割合 | 変動PL ×1期 | | 金額 | 割合 |
|---|---|---|---|---|---|---|---|
| | A事業 | 500 | 50% | | A事業 | 500 | 50% |
| | B事業 | 500 | 50% | | B事業 | 500 | 50% |
| 売上高 | | 1,000 | 100% | 売上高 | | 1,000 | 100% |
| | A事業 | 350 | 35% | | A事業 | 200 | 40% |
| | B事業 | 450 | 45% | | B事業 | 150 | 30% |
| 売上原価 | | 800 | 80% | 変動費 | | 350 | 35% |
| | A事業 | 150 | 30% | | A事業 | 300 | 60% |
| | B事業 | 50 | 10% | | B事業 | 350 | 70% |
| 売上総利益 | | 200 | 20% | 限界利益 | | 650 | 65% |
| | A事業 | 50 | | | A事業 | 200 | |
| | B事業 | 50 | | | B事業 | 350 | |
| 販売費及び一般管理費 | | 100 | 10% | 固定費 | | 550 | |
| | A事業 | 100 | | | A事業 | 100 | |
| | B事業 | － | | | B事業 | － | |
| 営業利益 | | 100 | 10% | 営業利益 | | 100 | |

> 売上高が200増加した場合の損益は？？

　この例では，A事業とB事業に損益分解をしていますが，仮に売上高を200増加させるとした場合にA事業とB事業のどちらの売上を増加させたほうが営業利益は多く増加するでしょうか？　一見すると通常PLではB事業で営業利益がゼロとなっていますので，A事業を増加させたほうが利益は増える印象を持ちますが，変動PLを利用して予測を行うと逆の結果となります（〈図表Ⅲ－9〉）。

　A事業の売上高を200増加させた場合の営業利益は220となりますが，B事業の売上高を200増加させると営業利益は240となり，利益額は後者のほうが大きくなります。なぜならば，A事業よりもB事業のほうが限界利益率は高いため，売上増加に対して限界利益額が比較的大きくなるのに対し，固定費は売上増加にかかわらず一定で変化がないためです。

　このように損益分解に加えて変動PLを活用すると，さらに精度の高い事業損益予測を行うことも可能です。

## 〈図表Ⅲ-9〉事業別損益予測例（変動PL）

変動PL ×1期

|  |  | 金額 | 割合 |
|---|---|---|---|
|  | A事業 | 500 | 50% |
|  | B事業 | 500 | 50% |
| 売上高 |  | 1,000 | 100% |
|  | A事業 | 200 | 40% |
|  | B事業 | 150 | 30% |
| 変動費 |  | 350 | 35% |
|  | A事業 | 300 | 60% |
|  | B事業 | 350 | 70% |
| 限界利益 |  | 650 | 65% |
|  | A事業 | 200 |  |
|  | B事業 | 350 |  |
| 固定費 |  | 550 |  |
|  | A事業 | 100 |  |
|  | B事業 | - |  |
| 営業利益 |  | 100 |  |

A事業の売上高が200増加した場合の損益は？？

変動PL ×2期

|  |  | 金額 | 割合 |
|---|---|---|---|
|  | A事業 | 700 | 58% |
|  | B事業 | 500 | 42% |
| 売上高 |  | 1,200 | 100% |
|  | A事業 | 280 | 40% |
|  | B事業 | 150 | 30% |
| 変動費 |  | 430 | 36% |
|  | A事業 | 420 | 60% |
|  | B事業 | 350 | 70% |
| 限界利益 |  | 770 | 64% |
|  | A事業 | 200 |  |
|  | B事業 | 350 |  |
| 固定費 |  | 550 |  |
|  | A事業 | 220 |  |
|  | B事業 | - |  |
| 営業利益 |  | 220 |  |

変動PL ×1期

|  |  | 金額 | 割合 |
|---|---|---|---|
|  | A事業 | 500 | 50% |
|  | B事業 | 500 | 50% |
| 売上高 |  | 1,000 | 100% |
|  | A事業 | 200 | 40% |
|  | B事業 | 150 | 30% |
| 変動費 |  | 350 | 35% |
|  | A事業 | 300 | 60% |
|  | B事業 | 350 | 70% |
| 限界利益 |  | 650 | 65% |
|  | A事業 | 200 |  |
|  | B事業 | 350 |  |
| 固定費 |  | 550 |  |
|  | A事業 | 100 |  |
|  | B事業 | - |  |
| 営業利益 |  | 100 |  |

B事業の売上高が200増加した場合の損益は？？

変動PL ×2期

|  |  | 金額 | 割合 |
|---|---|---|---|
|  | A事業 | 500 | 42% |
|  | B事業 | 700 | 58% |
| 売上高 |  | 1,200 | 100% |
|  | A事業 | 200 | 40% |
|  | B事業 | 210 | 30% |
| 変動費 |  | 410 | 34% |
|  | A事業 | 300 | 60% |
|  | B事業 | 490 | 70% |
| 限界利益 |  | 790 | 66% |
|  | A事業 | 200 |  |
|  | B事業 | 350 |  |
| 固定費 |  | 550 |  |
|  | A事業 | 100 |  |
|  | B事業 | 140 |  |
| 営業利益 |  | 240 |  |

## 3．共通費

　次に共通費の概念と処理方法について解説します。共通費とは，損益分解を行う上で，各事業等の分解項目に対して共通的に発生する経費のことです。実務では，どのような損益分解を行う場合でも，必ずと言っていいほど分解することが難しい共通費が生じます。例えば，総務部や経理部といった管理部門は全社共通的な位置づけであることが通常であるため，これらの部門で発生した経費は売上高や原価項目のように分解することが難しくなります。このような経費が共通費です。

〈図表Ⅲ－10〉共通費

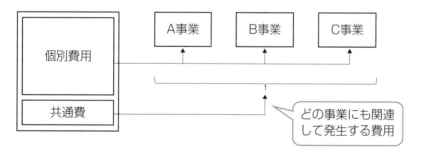

　まず共通費の処理には2通りの考え方があります。1つは，何かしらの基準で分解し，各事業に割り付けるという考え方で，もう1つはあえて割付けをしないという考え方です。前者の考え方（割付けを行う考え方）は，第Ⅱ章の原

価計算における間接費の割付け（22頁）と非常に近いものです。そもそも，共通費を分解項目に割り付けることが必要となるのは，直接的に分解できない費用であったとしても当該費用は全社的には回収しなければならないコストであり，その認識を明確にするためです。したがってこの考え方は，仮に事業別の分解を前提とすれば，共通費のうち各事業で回収すべき目標コストを明確に表示することを重視したものと言えます。

　具体的な割付方法には様々な考え方がありますが，一般的には売上高，人員数，事業利益，目標事業利益（予算等）の割合等に応じて負担させる方法があります。

〈図表Ⅲ－11〉共通費の負担例（売上高基準）

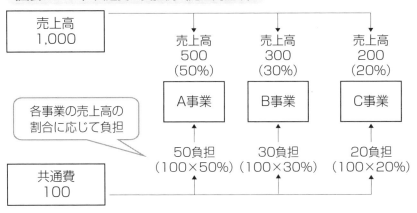

　ただし，この共通費を割り付けるという考え方には問題点があります。それは，どのような割付方法であっても完璧に公平で実態に即した方法にはならない可能性があるという点です。例えば〈図表Ⅲ－11〉のように仮に売上高を基準に割付けを行うと，売上規模が大きい事業には多くの共通費の負担が課せられてしまい，各事業担当者の立場からすれば，売上を拡大すればするほど負担が増えるという構造になります。また，相対的に利益率の低い事業である場合には，売上高を基準に割付けを行ってしまうと当該事業で負担し得ないコス

トが割り付けられてしまうこともあります。一方で，各事業の利益や目標利益を割付基準としたとしても，各事業の利益が増加すればするほど，割付コストが増えるという結果になり，場合によっては利益拡大を目指すインセンティブを阻害する要因になるかもしれません。特に共通費は多くの場合，各事業でコントロールできる費用ではなく，管理不能な“押し付けられた負担”という印象を持たれやすいものであるため，その不公平感は組織内に大きなマイナス影響を与えることもあります。もちろん，各事業において一定規模の利益確保を意識づける観点からは，共通費負担を定量的に明示する考え方は重要であるため，当該方法にも一定の合理性はありますし，実務で一般的に行われていることではあります。ただし，当該共通費の割付けは公平感が損なわれるおそれがあるという点について，経営者と各事業担当者の間で認識を共有しながら当該数値を活用していくことが重要です。少なくとも，管理資料上で共通費を割付けする前の利益と割付後の利益をそれぞれ明示しておくことはこれらの問題に対する対処として必要であると考えられます。

### 〈図表Ⅲ－12〉共通費負担前利益の明示

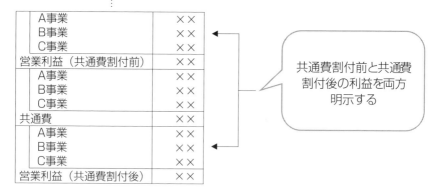

共通費割付前と共通費割付後の利益を両方明示する

次にもう１つの方法について説明します。冒頭に記載した，あえて共通費の割付けをしないという考え方です。中小企業ではこの方法であっても問題が生じないケースも多いと思います。下手に社内の不公平感や全社最適となる行動を阻害する要因を織り込まないという点を重視するのであれば，十分に選択肢となり得る考え方です。ただし，この場合には，必ず全社的な共通費総額がどの程度あるかという点について各事業担当者に理解を促すことが必要です。共通費は分解が難しいというだけで，実際にはどの事業も間接的にその恩恵を受けているものであり，相応の負担はすべきものであると同時に当該コストを回収できる利益を確保できなければ会社は存続し得ません。例えば〈図表Ⅲ－13〉のような形でその総額を資料上で明示しておくことは必須と言えるでしょう。

〈図表Ⅲ－13〉共通費総額の明示

| | 金額 |
|---|---|
| A事業 | ×× |
| B事業 | |
| C事業 | ×× |
| 売上高 | ×× |
| ⋮ | |
| A事業 | ×× |
| B事業 | ×× |
| C事業 | ×× |
| 共通費 | ×× |
| 販売費及び一般管理費 | ×× |
| A事業 | ×× |
| B事業 | ×× |
| C事業 | ×× |
| 共通費 | ▲×× |
| 営業利益 | ×× |

事業全体で回収すべき
共通費額を明示する

# 4．損益管理の活用

> 【ポイント】
> • 業績好調時にこそ損益管理の仕組み構築が重要

　損益管理の考え方等について一通りご紹介したところで，今一度その活用局面について考えてみたいと思います。実は損益管理が最も威力を発揮しやすい場面は，企業の業績悪化時です。もちろん好調時でも有効に活用することは可能ですが，より，その効用が感じられるのは業績が順調に推移していない時ではないかと思います。69頁にも記載しましたが，損益管理は，それだけで売上高や利益を増加させる効果があるわけではなく，あくまで企業活動をサポートするツールとして補助的な役割を担うにすぎません。業績好調時は，特段詳細な損益分析を実施していなくても事業運営がスムーズに進むケースは多いと思われます。一方で事業がうまく進んでいない場合には，その原因を把握して対処していくことが必要となりますが，そのきっかけをつかむための足掛かりとなるものが損益管理資料です。損益管理資料において分解された事業別，製品別，顧客別等の様々な数値実績資料は，現状において事業の足を引っ張っている要因等について多くのヒントを提供してくれることが一般的です。結果として，損益管理資料が示す数値データは，経営者の事業上の各種判断，改善活動の後押しをすることになるでしょう。ところが，このような損益管理資料の作成や分析は，業績悪化時に初めて取り組むことは非常に困難です。なぜならば，このような局面では営業活動の改善や緊急的に行うコスト削減など，優先的に対応しなければいけない事項が山積し，管理に割く時間やその心理的余裕を持つことが難しいためです。したがって，事業が比較的安定している状況においてこそ，損益管理の仕組みを社内に構築し，これを将来の業績悪化時におけるセーフティネットの1つとして確立しておくことが極めて重要であると考えられます。

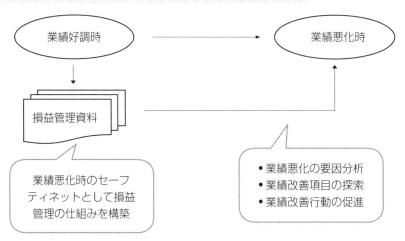

〈図表Ⅲ－14〉セーフティネットとしての損益管理資料

業績好調時 → 業績悪化時

損益管理資料

業績悪化時のセーフ
ティネットとして損益
管理の仕組みを構築

• 業績悪化の要因分析
• 業績改善項目の探索
• 業績改善行動の促進

　また，損益管理資料は，経営者が重要と考えている事業運営上のポイントを
従業員に伝達する効果もあります。損益管理において，その分解項目を決定す
ることは事業上の重要項目を決定することとほぼ同義です。そしてこの重要項
目（つまり損益分解の切り口）を社内で利用する管理資料上で表現することに
よって，従業員に対してもこれを周知する効果が自然と生じることとなり，損
益管理資料はいわばコミュニケーションツールとしての意味も持つことになり
ます。また，損益管理資料は社外関係者，特に金融機関への説明資料として
も大きな威力を発揮することがあります。社外関係者は，実際に自身で事業運
営を行っているわけではないため，会社の事業理解には一定の限界があります。
そのような場合に当該資料は社外関係者に対して事業活動の理解を促進する役
割も果たすことになります。また，業績悪化時においては，経営改善活動のポ
イントとなる部分を説明し，経営支援を促すためのツールとして活用すること
もできるでしょう。これら損益管理の効用は〈図表Ⅲ－15〉のとおり，それ
ぞれが相互に関連し，相乗効果をもたらすことになります。

〈図表Ⅲ－15〉損益管理の効用

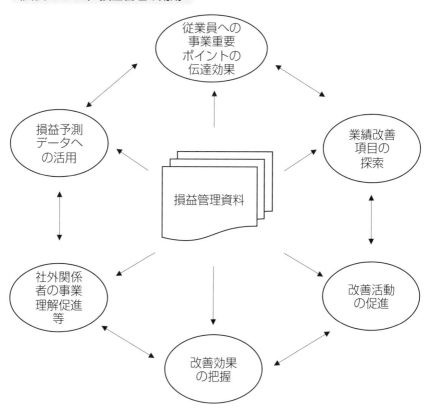

# 5．損益管理資料の作成

> 【ポイント】
> ・事務負担と資料作成のスピード感を意識

　最後に損益管理資料の作成方法について説明します。

　損益管理資料を作成するにあたっては，分解項目ごとに取引記録を分ける作業が発生します。この作業が大きな実務負担となりますので，当該作業の効率化が重要となります。ここでポイントとなるのは取引記録を分けるタイミングです。一度作成したPLとは別に取引記録を分解して集計し直すという手間を防ぐためには，当初の取引記録時において，分解項目ごとに分けて記録する，ないし項目ごとに何かしらのフラグ立てをしておくという作業が必要となってきます。例えば，事業別のような比較的大きな分解を行うのであれば，会計ソフト等の部門設定機能を利用して，取引記録時にそれぞれの事業部門設定をしておけば，容易に分解集計資料を作成することが可能です。また，さらに細かい分解を行うのであれば，取引記録時に識別番号等を入力しておき，会計ソフト等から出力したデータを表計算ソフトで集計するという方法もあります。部門設定機能や識別番号の活用は，損益分類項目の数（細かさ）に応じて使い分けをするとよいでしょう。なお，取引記録時に単純に分解できないような項目については，費用対効果を勘案し，無理に分解するのではなく，前述の共通費として取り扱うこともあり得ます。分解記録に多くの時間を費やし，損益管理資料の作成がタイムリーに実施できなくなるような状況は避ける必要があります。

## 〈図表Ⅲ－16〉損益管理データの集計

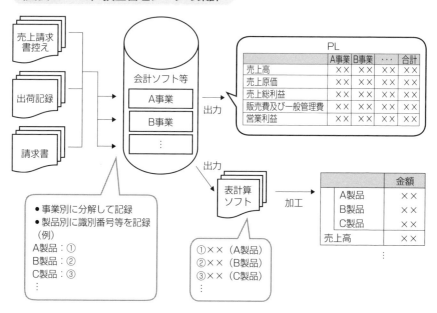

事業計画・予算

第IV章では事業計画・予算をテーマに解説していきます（なお，本書ではスタートアップ企業ではなく，すでに事業運営を継続的に行っている企業であるケースを前提に解説していきます）。

## 1．事業計画・予算

【ポイント】
- 事業計画は数値情報以外に文字情報や，行動計画を含む
- 予算は数値情報が中心

　一般に事業計画とは会社の将来の絵姿を数値情報や文字情報，行動計画として落とし込んだものを言います。事業計画で示される期間は様々ですが，3年から5年程度の期間を対象として作成されることが一般的です。一方で予算は会社の将来数値を予測したものである点は事業計画と類似しますが，比較的数値面の情報が多く，単年度の予測数値を指すことが通常です。予算と事業計画は密接に関連して作成されることが多く，その場合事業計画の1年目数値は予算数値と一致する作り方をします。また，予算については通常，月次予測等の積み上げで作成される単年度予測でもあるため，その予測精度は中長期の事業計画に比して高くなる傾向があります。

　事業計画として一般的に作成される数値資料は，予測PL，予測BS，予測CF（キャッシュ・フロー計算書）ですが，中小企業においては，予測BSや予測CFは作成しないケースのほうが多いでしょう。これらは本来作成が望ましいものですが，その作成過程にやや技術的な部分があり，社内利用を前提とする場合には必ずしも作成する必要はありません。また，予測BSや予測CFが作成される目的の1つは現金収支に関する予測情報を把握することであるため，資金繰り表を代替的に利用することも可能です。資金繰り表，キャッシュ・フロー計算書については第V章および第VI章をご参照ください。

## 〈図表IV－1〉事業計画・予算の概要

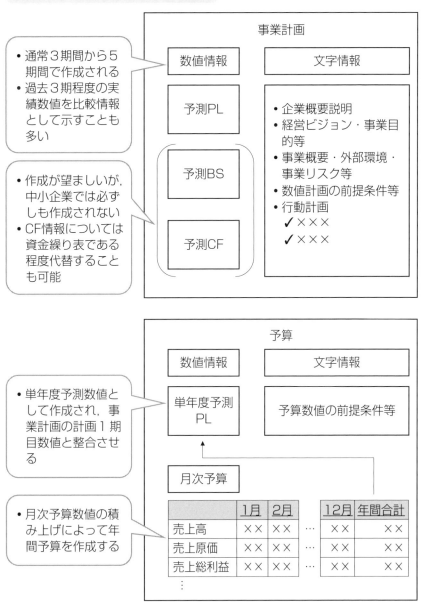

事業計画

| 数値情報 | 文字情報 |

予測PL

予測BS

予測CF

- 企業概要説明
- 経営ビジョン・事業目的等
- 事業概要・外部環境・事業リスク等
- 数値計画の前提条件等
- 行動計画
  ✓ ×××
  ✓ ×××

- 通常３期間から５期間で作成される
- 過去３期程度の実績数値を比較情報として示すことも多い

- 作成が望ましいが，中小企業では必ずしも作成されない
- CF情報については資金繰り表である程度代替することも可能

予算

| 数値情報 | 文字情報 |

単年度予測PL

予算数値の前提条件等

月次予算

|  | 1月 | 2月 |  | 12月 | 年間合計 |
|---|---|---|---|---|---|
| 売上高 | ×× | ×× | … | ×× | ×× |
| 売上原価 | ×× | ×× | … | ×× | ×× |
| 売上総利益 | ×× | ×× | … | ×× | ×× |

- 単年度予測数値として作成され，事業計画の計画１期目数値と整合させる

- 月次予算数値の積み上げによって年間予算を作成する

## 2．事業計画の作成目的

　事業計画の活用パターンは大きく分けると社外向けとして利用する場合と社内向けとして利用する場合の２つに分類されます。社外利用の場合は，資金調達や再生支援を目的とした社外関係者への情報提供が主な用途であり，社内利用の場合は，社内目標の設定や経営ビジョンの共有，業績管理等を目的とすることが一般的です。また，事業計画は価値評価計算（事業価値や株式価値）の根拠として使われることもあります。

〈図表Ⅳ－２〉事業計画の活用パターン

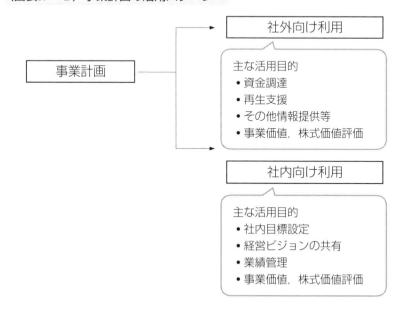

## (1)　社外向け事業計画

　社外向けとして利用される事業計画は，前述のとおり資金調達や再生支援等を目的とした社外関係者への情報提供目的で作成されるため，資金提供者に対する説明を主眼に置いて作成されることになります。一般に資金調達の局面では，資金提供者に対してその資金使途，返済時期等について説明することが必要となりますが，この説明資料に当たるものが事業計画です。また，業績が悪化した企業が金融機関等に対して再生支援（返済のリスケジュール，債務免除等）を求める場合であれば，財政状態（多くの場合は，資産よりも負債が多いいわゆる“債務超過”の状態（14頁参照））の改善見込や想定される借入返済スケジュールを資金提供者に対して説明する必要があり，その資料が事業計画となります（支援者側の立場からみれば，当該事業計画が，支援の可否を判断する拠り所となります）。

　その他，事業計画は第三者間取引（同族関係者等以外の第三者との取引）における事業や株式の価格算定の根拠として利用されることもあります。事業価値等の算定手法にはいくつかの種類がありますが，一般的な手法の1つにDCF法と呼ばれるものがあります。DCF法とは，事業が将来生み出すキャッシュ・フローに基づいてその価値を算定する方法であり，多くの場合，将来キャッシュ・フローは事業計画の中で示される将来数値が利用されます。例えば，事業や株式売却を検討するにあたって，売買当事者がその価格を算定するために事業計画を利用する場合や，売手となる企業が売却先から提示された価格の妥当性を判断するために事業計画を利用するケースなどが想定されます。この場合も売買取引当事者という資金の出し手との関係で必要な資料の一種という見方ができます。

## 〈図表Ⅳ－3〉社外向け事業計画

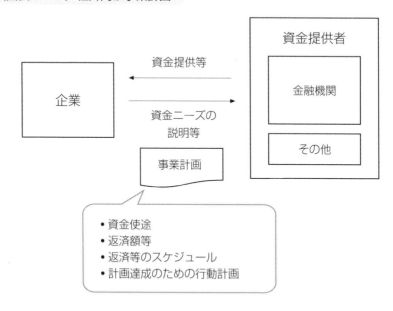

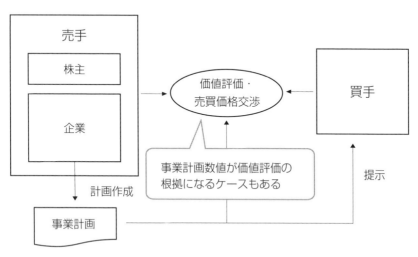

また，どのケースにおいても，社外向けとして利用する事業計画は説明対象者のニーズやこれを提示することによる影響を考慮した上で作成する必要があります。なぜならば社外関係者に提示した事業計画数値は，将来において当該数値を達成することが対外的な約束ごとになり得るためです。例えば，金融機関からの資金調達目的で作成する事業計画は将来における借入金返済額や返済スケジュールを決定する要素になります。したがって，このような場合，事業計画における将来利益水準は実現可能性を考慮した適切な水準となるよう慎重に判断する必要があります。また，一方で金融機関の理解を得られなければ，資金提供を受けることが困難となるため，資金提供者が求める数値水準への配慮も考慮したバランスのよい計画を作成するという視点も必要です。

## ⑵　社内向け事業計画

　社内向けに活用される事業計画は，前述のとおり，目標の設定や経営ビジョンの共有，業績管理等を目的とすることから，社内関係者に"行動"を促す目的が強いという特徴があります。例えば，社内目標の提示として事業計画を利用する場合は，文字通り社内の目標を数値化した資料を社内共有し，この数値達成のための行動を従業員に促すことになります。また，経営ビジョンの共有という観点からみると，事業計画は企業が目指す方向性や価値観の共有ツールとして利用され，最終的な目的は経営ビジョンに即して従業員が自主的に行動できる状況を作り出すことになります。業績管理の視点では，作成した事業計画と実績数値の乖離を継続的に検証していく中で，従業員等に対して改善行動を促すことが目的となってきます。このように社内で利用する事業計画は，従業員をよい方向へ行動させるためのツールとしての側面が大きいという点で社外向け事業計画とはやや異なります。

〈図表Ⅳ−4〉社内向け事業計画

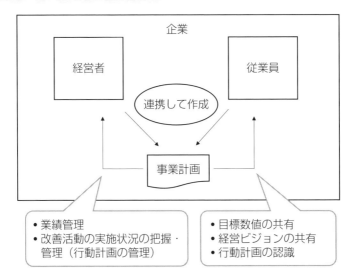

- 業績管理
- 改善活動の実施状況の把握・管理（行動計画の管理）

- 目標数値の共有
- 経営ビジョンの共有
- 行動計画の認識

**コラム④**　**上場企業の業績予想**

　上場企業では，毎年の決算公表時等に来期の業績予想（単年度）を公表する制度があります。公表する内容としては，一般的には売上高に加えて一定の段階損益（営業利益，経常利益）に関する予想数値が開示されます。そして，仮に業績予想数値と実績数値が大きく乖離することが見込まれる場合には，理由とともにその旨を期中において投資家に向けて開示し，修正業績予想も開示する必要もあります。また，この単年度の予想数値とは別に多くの企業で3年から5年程度の中期事業計画といった将来の見通しが公表され，投資家に対して将来の見通しに関する各種の情報提供が行われています。これらは，社外に公表されるものであることから，いわば投資家への“約束ごと”としての意味を持ち，社内的にも当該予算達成を目指すべく厳格な予算統制が行われています。非上場企業であっても上場を目指すような上場準備企業においてはこの予算統制が非常に重要な意味を持ち，その予想数値の精度や差異が生じた場合の差異分析能力および対応能力が求められます。

# 3．事業計画の作成方法

【ポイント】
- 事業計画作成においては過去実績分析が重要
- 経営者と従業員双方の視点から数値水準を決定
- 行動計画は数値達成の実現可能性を担保
- 事後検証の仕組み構築が重要

　次に事業計画の作成方法について説明します。具体的に事業計画の作成工程は，大きく分けると〈図表IV－5〉のとおり3つのステップに分けることができます。

〈図表IV－5〉事業計画の作成ステップ

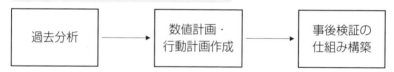

## (1)　過去分析

　事業計画を作成するにあたって最初の重要なポイントは過去実績の分析です。事業計画作成は，当然のことながら将来の予測作業を含みますが，予測を立てる手段として有効な方法が過去実績の分析です。事業計画の完成度はこの過去分析の深度にも大きく左右され，その予測精度や他者への説得力にも大きな影響を与えます。また，過去分析は事後検証，つまり計画と実績の差異分析を有効に行うためにも事前に実施しておくべき作業であると言えます。

　まず，定量面（数値情報）については，将来数値は過去損益実績の延長にあるものであり，過去の数値トレンドを確認することは当然に必要な作業と言えるでしょう。また，将来予測数値の信憑性を高めるためにはある程度の要素分

解（事業別，製品別等）が必要であり，そのためには過去実績において同じ切り口で要素分解（事業別，製品別等）を行うことが重要です。

　また，定性面についても外部環境変化の振り返り（景気動向や主要取引先の動向等）や，これに対応した自社の取組みおよびその成果について分析を行うことが必要と考えられます。このような定性面の分析は，定量面の分析とあわせて実施することで，外部要因が自社経営に与える影響度合いを把握することや，過去の改善活動の十分性を検討することにつながります。これらの分析結果は〈図表Ⅳ－1〉の数値情報や文字情報の一部を構成し，事業計画策定の土台となる部分と言えます。

### 〈図表Ⅳ－6〉事業計画作成前の過去分析

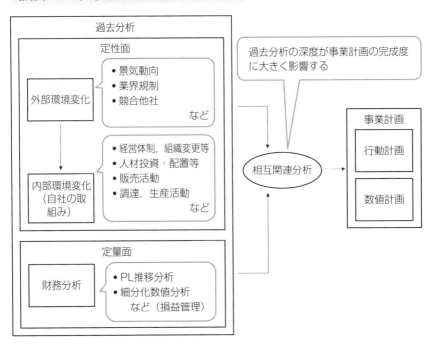

## (2) 数値計画作成

　過去分析の次に，必要となるのが数値計画と行動計画の作成です。

　まず，数値計画作成にあたっては誰がどのようにその目標となる数値水準を決定するかという論点があります。一般的には，経営者（トップ）と現場（従業員）がそれぞれ作成した数値の折衷という方法が取られますが，中小企業においてはトップダウン，すなわち経営者がその数値水準を決定することが圧倒的に多いでしょう。これは，中小企業では，経営者に近い目線で目標数値を設定できる人材に不足するケースが多いためです。基本的に数値目標は，企業が現状の外部環境下において継続するために必要な数値を設定することになるため，経営者に近い目線が必要となります。一方で従業員が設定する数値水準は過去実績のトレンドを意識した現実的な数値になる傾向がありますが，活動の実施主体でもある従業員のモチベーション維持や計画の形骸化を防ぐ観点からは，現実的に達成可能な水準の考慮も必要です。結果として，両者の折衷という方法が一般的に馴染みやすいということになります。ただし，トップが示す目標は，外部環境等（社外関係者の合意を得ることを含む）から判断して企業が存続するために達成しなければならないものであるため，その数値水準が現時点で達成困難であったとしても無視できるものではありません。事業計画は３年から５年という比較的長期予測であるため，その時間軸の中で従業員が達成していくべき目線を提示する必要はあるでしょう。

〈図表Ⅳ-7〉数値計画作成のプロセス①

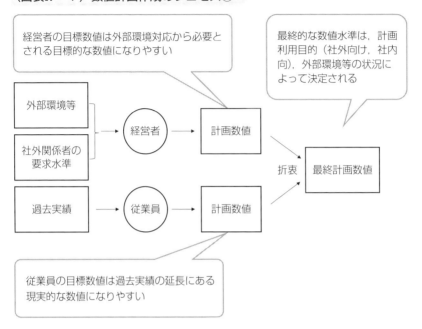

　次に具体的な数値水準の決定方法ですが，企業の最終的な目標は利益を確保することであるため，目標利益の設定が最も重要です。そして，その目標利益達成の手段として重要なものが売上高となります。ただし，昨今の国内経済環境下では売上高を大きく伸ばすことはどのような業種であっても容易ではなく，また外部環境変化の影響も大きく受けやすい項目であるため，目標利益確保の代替手段として原価や経費の縮小をテーマに掲げることも必須であると思われます。原価や経費面の改善は，売上高と比較すれば自社内でコントロールしやすい側面があるため，この要素を計画に加える意義は大きいと思われます。

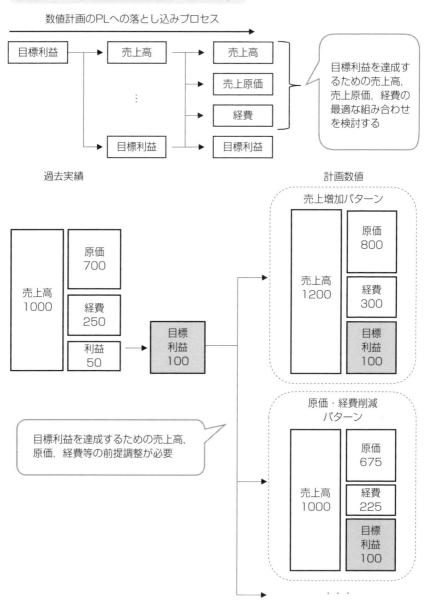

〈図表Ⅳ-8〉 数値計画作成のプロセス②

数値計画のPLへの落とし込みプロセス

目標利益 → 売上高 → 売上高
　　　　　　　　→ 売上原価
　　　　　　　　→ 経費
　　　　→ 目標利益 → 目標利益

目標利益を達成するための売上高，売上原価，経費の最適な組み合わせを検討する

過去実績

売上高
1000

原価
700

経費
250

利益
50

目標
利益
100

計画数値

売上増加パターン

売上高
1200

原価
800

経費
300

目標
利益
100

原価・経費削減
パターン

売上高
1000

原価
675

経費
225

目標
利益
100

目標利益を達成するための売上高，原価，経費等の前提調整が必要

〈図表Ⅳ－8〉の例では，目標利益を100と定めた場合に，これを売上高の増加によって達成するパターンと原価・経費削減で達成するパターンの数値例を示しています。中小企業では利益増加の手段を売上高のみで検討するケースも多いですが，外部環境等を考慮し，その不確実性が大きいと考えられる場合には，原価や経費面での削減プランを組み合わせるという選択肢を持つことが重要です。

また，数値計画作成にあたっては個々の目標数値の前提条件をできるだけ具体的にしておくとよいでしょう。なぜならば，具体化しなければその達成可能性が低くなりやすい上，事後的に実績数値との比較分析を行うためには，そもそもの予測前提が明確である必要があるためです。例えば，経費削減をおよその減額割合（前年比5％など）のみで設定した場合は，計画数値が未達となった場合にその要因がはっきりしません。経費の中で，削減する費目を具体化した前提があって初めて差異の要因をつかむことができます。仮に目標設定をおよその減額割合等で示す場合でもできるだけ減額項目の内容を具体化しておくことが達成可能性を高めるポイントになります。

## (3) 行動計画作成

次に行動計画について説明します。事業計画の実現可能性を担保するためには行動計画が極めて重要です。行動計画は数値計画で示した目標を達成するために行うべき項目であり，数値目標の根拠となり得るものです。特に社外利用の計画においては，計画数値の達成プロセスを説明する観点から重要な意味を持ちます。また，社内利用の計画においても，行動計画は数値達成のために必要な従業員の行動を導く効果があります。数値改善を達成するためには，社内の改善活動を実行につなげることが重要であり，その行動を事前に具体化させることが予測数値自体の実現可能性を高めることにつながります。なお，実務においては，目標に従い数値計画を作成したものの，行動計画を具体化することが難しいケースがよくあります。これは，つまるところ，数値達成が非常に難しい可能性を示しています。逆にやるべきことがはっきりしている場合は行

動計画を立てやすく，目標数値達成にも一定の信憑性を持たせることが可能と
なります。

　次に実際の行動計画の作成区分ですが，これは人が動く指針となるものであ
ることから，人の所属に応じた部門（経営層，販売部門，製造部門，管理部門
等）ごとに作成することが一般的です。また，前述のとおり，行動計画は，事
後検証や実行可能性の観点から，できるだけ具体的なものとする必要がありま
すが，そのために財務数値以外の管理指標を定量的に設けることも実効性の観
点から有用です。例えば，販売部門における「顧客訪問件数」，「受注件数」な
どが考えられます（KPI（Key Performance Indicator）と呼ばれます）。その他，
行動計画はその実施担当者や責任者を決めるとともに実施スケジュールも計画
段階で明確にしておくことも必要です。このような前提も，行動計画の確実な
実行を担保する機能を果たすと考えられます。

〈図表Ⅳ－9〉行動計画

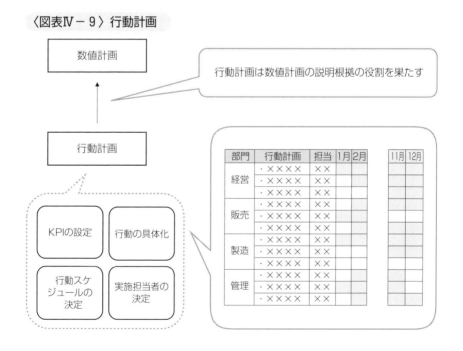

⑷　事後検証の仕組み構築

　最後に重要となるのが事後検証の仕組みの構築です。事業計画は，計画に対する実績を比較し，差異内容を分析することによってその効用を最大化することができます。なぜならば，差異内容を把握することは，未達要因等を明らかにすることによって，さらなる改善行動を促すことにつながるためです。なお，この差異分析は数値計画だけではなく，行動計画についても必ず実施する必要があります。数値の差異要因の把握は比較的実施しやすい傾向がありますが，行動計画については振り返りが難しい傾向があります。そのような場合の要因として考えられることは，⑶でも触れている行動計画の具体性です。具体性の乏しい行動計画は，その行動実施が難しく，結果として何ら効果的な改善行動が行われないこともあります。

　また，これら以外に重要なことは，事後検証する仕組みを事業計画作成段階から社内で確立しておくことです。中小企業の実務においては，計画作成後の事後フォローアップが不十分となるケースが多いと思われます。これは，元々作成している事業計画自体の実現可能性，社内浸透度合いなど様々な原因が考えられますが，事後検証をいつ，誰が，どのように行うか，という点について事前に定めていないことも１つの要因であると思われます。振り返りを行うことが求められていない計画は，従業員の意識がそこに向かず，結果として事業計画が形骸化しやすくなります。事業計画の作成は，事後検証の仕組みをあらかじめ決定し，構築しておくことまでが一連の作業であると捉えておくとよいでしょう。なお，検証の頻度，タイミングについて決まりはありませんが，一般的に四半期や半期ごとに行うケースが多いと思われます。また，事後検証はあまりに時間が経ってしまうと，効果が薄れてしまうため，少なくとも１カ月〜２カ月以内には実施できるような実務運用が望まれます。よって，計画実績比較分析の深度も，検証までの時間軸とのバランスをみて決定するといいでしょう。

〈図表IV－10〉事業計画の事後検証

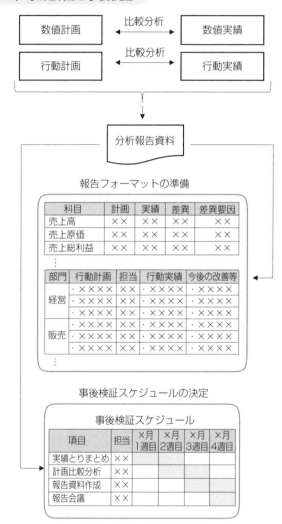

# 4．予算と事業計画

【ポイント】
• 中長期の事業計画を単年度ベースで補完するものが予算

　最後に予算と事業計画の関係について説明します。これまで，事業計画の作成方法等について説明してきましたが，その作成にあたっての留意点は予算と事業計画で大きく変わりません。しかし，予算はあくまで単年度という比較的短期の予測情報であり，予測数値精度の高さを求めることは可能ですが，中長期的な視点で会社経営を導いていくには不十分なこともあります。理想的な予算管理は，中長期的な視点に基づく3年から5年程度の事業計画が根幹にあり，その事業計画期間内における単年度ごとの数値管理や行動管理を補完していく位置づけが望ましいと言えます。予算管理のみを行っている場合は，どうしても短期的視点の改善行動が中心となりやすく，複数年にわたって改善テーマに取り組むことが難しくなります。したがって，簡便的なものであっても事業計画を作成し，中長期目線の経営目標を意識しながら単年度予算を利用することが，この問題点を緩和する一助となると思われます。

〈図表Ⅳ-11〉予算と事業計画の関係

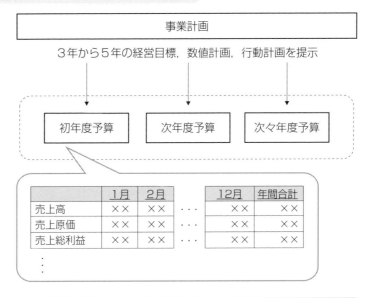

# 第Ⅴ章　資金繰り表

　第Ⅴ章では，資金繰り表について説明していきます。資金繰り表は，企業の将来における資金過不足状況を予測し，これに対する備えを事前にできるようにするために作成されるものです。資金繰りが破綻すれば当然企業は存続することができないため，最も重要な管理項目の1つと言えます。そのため，本章ではその具体的な作成方法の説明に力点を置いて説明することとします。

## 1．資金繰り表の作成形式

【ポイント】
- 資金繰り表上の項目はPL，BS科目との整合を意識
- 作成段階では項目を細かく設定し，利用段階では項目を集約

　資金繰り表とは企業で生じる入出金の実績および予測数値をまとめた表を言います。
　一般的には〈図表Ⅴ-1〉のように，入金および出金について項目別に内訳を示し，結果としての資金残高情報をあわせて明記する形式で作成されます。また，その表示期間は月間合計ベースで作成されることが多いですが，資金繰りが逼迫している状況下では日次ベースで作成されることもあります。

## 〈図表Ⅴ－1〉 資金繰り表の形式

| | ⋯ | 1月 | 2月 | 3月 | 4月 | 5月 | 6月 | ⋯ |
|---|---|---|---|---|---|---|---|---|
| | | 実績 | 実績 | 実績 | 予測 | 予測 | 予測 | |
| 前月末残高 | ⋯ | ×× | ×× | ×× | ×× | ×× | ×× | ⋯ |
| 手形入金 | | ×× | ×× | ×× | ×× | ×× | ×× | |
| 売掛金入金 | | ×× | ×× | ×× | ×× | ×× | ×× | |
| ⋮ | | ×× | ×× | ×× | ×× | ×× | ×× | |
| 経常収入 | ⋯ | ×× | ×× | ×× | ×× | ×× | ×× | |
| 手形支払 | | ×× | ×× | ×× | ×× | ×× | ×× | |
| 買掛金支払 | | ×× | ×× | ×× | ×× | ×× | ×× | |
| 給与支払 | | ×× | ×× | ×× | ×× | ×× | ×× | |
| ⋮ | | ×× | ×× | ×× | ×× | ×× | ×× | |
| 経常支出 | ⋯ | ×× | ×× | ×× | ×× | ×× | ×× | ⋯ |
| 経常収支 | ⋯ | ×× | ×× | ×× | ×× | ×× | ×× | ⋯ |
| 借入金収入 | | ×× | ×× | ×× | ×× | ×× | ×× | |
| 貸付金回収 | | ×× | ×× | ×× | ×× | ×× | ×× | |
| ⋮ | | ×× | ×× | ×× | ×× | ×× | ×× | |
| 経常外収入 | ⋯ | ×× | ×× | ×× | ×× | ×× | ×× | |
| 借入金返済 | | ×× | ×× | ×× | ×× | ×× | ×× | |
| 設備投資 | | ×× | ×× | ×× | ×× | ×× | ×× | |
| ⋮ | | ×× | ×× | ×× | ×× | ×× | ×× | |
| 経常外支出 | ⋯ | ×× | ×× | ×× | ×× | ×× | ×× | |
| 経常外収支 | ⋯ | ×× | ×× | ×× | ×× | ×× | ×× | |
| 収支合計 | ⋯ | ×× | ×× | ×× | ×× | ×× | ×× | |
| 当月末残高 | ⋯ | ×× | ×× | ×× | ×× | ×× | ×× | |

　資金繰り表で示す入出金項目は，経常的に生じる入出金項目を経常収入，経常支出，経常収支とし，それ以外の収支については，経常外収入，経常外支出，経常外収支として区分することが一般的です。経常収支と経常外収支の区分判断に明確なルールはありませんが，多くのケースにおいて，経常収支項目はPLとの関連が深い事業関連収支項目，経常外収支項目はBSとの関連が深い事

業外関連収支項目となります。例えば，経常収支で示される項目は売上に関連する収入（手形入金，売掛金入金等）や仕入に関連する支払（手形支払，買掛金支払等），人件費に関連する支払，その他経費支払などが該当します。ただし，その金額は消費税を含んだ税込金額で表記されるため，PL数値情報が税抜表記の場合はそれと一致しません。

　一方で，経常外収支で示される項目は借入金の収支，設備投資支出，固定資産売買，貸付金収支等であり，いずれも財務諸表作成における取引記録においてBS科目を中心として処理される取引が多くなります。

　また，入出金項目に付す名称ですが，可能な限り，PLやBSで利用している科目名に近いものを利用したほうが実務的に使いやすくなります。また，別掲する項目数についても，少なくとも経常収支項目についてはPLで利用する科目区分と平仄をあわせることが望ましいと言えます。もし，初めて資金繰り表を作成するような場合には，PL科目をそのまま利用し，そこに必要なBS科目（受取手形，売掛金，支払手形，買掛金等）を加えることでフォーマットを作るとよいでしょう。PL金額と資金繰り表で表示される金額は当然異なりますが，PL金額はいずれ現金収支につながる項目である以上（第Ⅰ章4頁参照），"項目"として資金繰り表で利用することに問題はなく，収支項目の漏れを防ぐ観点からはむしろ望ましいフォーマットの作り方であると言えます。その他一般的に別掲が望ましい項目としては，消費税支払や社会保険料支払，源泉税（所得税や住民税）の納付といった租税公課項目の支払が挙げられます。これらは納期限が法的に定まっており，資金繰り上の重要性も高いものですが，上述の手順では反映されないことがあるため，その場合には別途項目として追加する必要があります。

　また，資金繰り表はその作成段階においては，項目を細かく設定したほうが作成しやすくなりますが，社外関係者（銀行等）への提示や予測情報の確認という利用段階では，重要性の低い項目を集約表示するほうが見やすさの観点から望ましいと言えます。

## 〈図表Ⅴ－2〉資金繰り項目

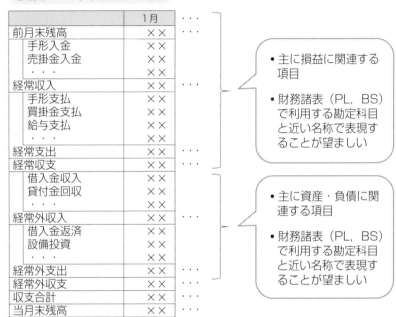

|  | 1月 | ・・・ |
|---|---|---|
| 前月末残高 | ×× | ・・・ |
| 　手形入金 | ×× | |
| 　売掛金入金 | ×× | |
| 　・・・ | ×× | |
| 経常収入 | ×× | ・・・ |
| 　手形支払 | ×× | |
| 　買掛金支払 | ×× | |
| 　給与支払 | ×× | |
| 　・・・ | ×× | |
| 経常支出 | ×× | ・・・ |
| 経常収支 | ×× | ・・・ |
| 　借入金収入 | ×× | |
| 　貸付金回収 | ×× | |
| 　・・・ | ×× | |
| 経常外収入 | ×× | ・・・ |
| 　借入金返済 | ×× | |
| 　設備投資 | ×× | |
| 　・・・ | ×× | |
| 経常外支出 | ×× | ・・・ |
| 経常外収支 | ×× | ・・・ |
| 収支合計 | ×× | ・・・ |
| 当月末残高 | ×× | ・・・ |

- 主に損益に関連する項目
- 財務諸表（PL，BS）で利用する勘定科目と近い名称で表現することが望ましい

- 主に資産・負債に関連する項目
- 財務諸表（PL，BS）で利用する勘定科目と近い名称で表現することが望ましい

### PL

| 科目名 | 金額 |
|---|---|
| 売上高 | ×× |
| 　期首在庫 | ×× |
| 　当期仕入 | ×× |
| 　期末在庫 | ×× |
| 売上原価 | ×× |
| 売上総利益 | ×× |
| 　給料手当 | ×× |
| 　法定福利費 | ×× |
| 　・・・ | ×× |
| 　荷造運賃 | ×× |
| 　支払手数料 | ×× |
| 　・・・ | ×× |
| 　雑費 | ×× |
| 販売費及び一般管理費 | ×× |
| 営業利益 | ×× |
| 　受取利息 | ×× |
| 　雑収入 | ×× |
| 　・・・ | ×× |

### 資金繰り表

|  | ×月 |
|---|---|
| 前月末残高 | ×× |
| 　売上高 | ×× |
| 　売掛金 | ×× |
| 　受取利息 | ×× |
| 　雑収入 | ×× |
| 　・・・ | ×× |
| 経常収入 | ×× |
| 　買掛金支払 | ×× |
| 　仕入 | ×× |
| 　給料手当 | ×× |
| 　法定福利費 | ×× |
| 　・・・ | ×× |
| 　荷造運賃 | ×× |
| 　支払手数料 | ×× |
| 　・・・ | ×× |
| 　雑費 | ×× |
| 　支払利息 | ×× |
| 　雑損失 | ×× |

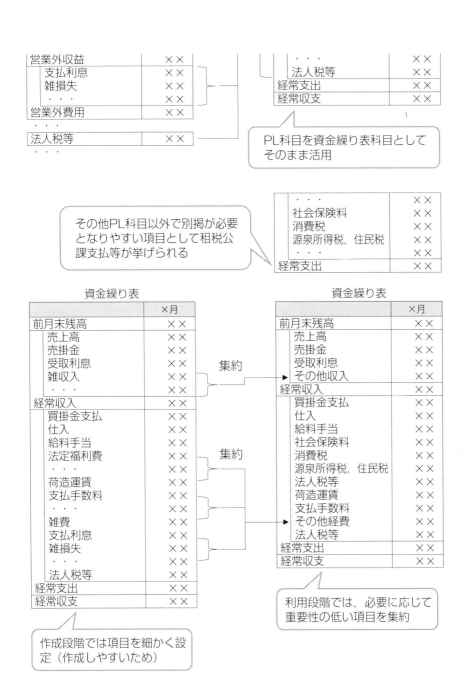

| 営業外収益 | ×× |
| 支払利息 | ×× |
| 雑損失 | ×× |
| ・・・ | ×× |
| 営業外費用 | ×× |
| ・・・ | |
| 法人税等 | ×× |
| ・・・ | |

| ・・・ | ×× |
| 法人税等 | ×× |
| 経常支出 | ×× |
| 経常収支 | ×× |

PL科目を資金繰り表科目として
そのまま活用

その他PL科目以外で別掲が必要
となりやすい項目として租税公
課支払等が挙げられる

| ・・・ | ×× |
| 社会保険料 | ×× |
| 消費税 | ×× |
| 源泉所得税，住民税 | ×× |
| ・・・ | ×× |
| 経常支出 | ×× |

資金繰り表

| | ×月 |
|---|---|
| 前月末残高 | ×× |
| 売上高 | ×× |
| 売掛金 | ×× |
| 受取利息 | ×× |
| 雑収入 | ×× |
| ・・・ | ×× |
| 経常収入 | ×× |
| 買掛金支払 | ×× |
| 仕入 | ×× |
| 給料手当 | ×× |
| 法定福利費 | ×× |
| ・・・ | ×× |
| 荷造運賃 | ×× |
| 支払手数料 | ×× |
| ・・・ | ×× |
| 雑費 | ×× |
| 支払利息 | ×× |
| 雑損失 | ×× |
| ・・・ | ×× |
| 法人税等 | ×× |
| 経常支出 | ×× |
| 経常収支 | ×× |

集約

資金繰り表

| | ×月 |
|---|---|
| 前月末残高 | ×× |
| 売上高 | ×× |
| 売掛金 | ×× |
| 受取利息 | ×× |
| その他収入 | ×× |
| 経常収入 | ×× |
| 買掛金支払 | ×× |
| 仕入 | ×× |
| 給料手当 | ×× |
| 社会保険料 | ×× |
| 消費税 | ×× |
| 源泉所得税，住民税 | ×× |
| 法人税等 | ×× |
| 荷造運賃 | ×× |
| 支払手数料 | ×× |
| その他経費 | ×× |
| 法人税等 | ×× |
| 経常支出 | ×× |
| 経常収支 | ×× |

集約

作成段階では項目を細かく設
定（作成しやすいため）

利用段階では，必要に応じて
重要性の低い項目を集約

1. 資金繰り表の作成形式　109

# 2．資金繰り表の作成方法

【ポイント】
- 資金繰り予測では過去実績の把握が重要
- 予測数値作成のためには直近BS情報，PL予測情報が必要
- 過去実績，PLとの比較を通じた全体検証が必要

　次に資金繰り表の作成方法について紹介します。資金繰り表は主に将来の資金過不足を把握することがその作成目的であるため，具体的には資金繰りの予測部分を完成させることが1つのゴールになります。

## ⑴　資金繰り実績

　まず，資金繰り予測を行うにあたって重要となるのは過去実績の把握です。これは前章までの損益管理，事業計画・予算等と全く同様で，過去実績数値から資金変動の項目やトレンドをつかみ，その傾向を把握することが大切であるためです。したがって，最初に必要な具体的な作業は，過去の資金繰り実績資料を作成することになります。なお，企業の資金変動は季節的な特徴があることも多いため，最低でも過去1年間程度の期間で資金繰り実績を確認することが望ましいと言えるでしょう。また，現実的な資金繰り予測可能期間も6カ月から1年程度となることが一般的です。

　具体的な資金繰り実績資料の作成方法としては，預金通帳や現金出納簿等の情報を表計算ソフトに手入力していく方法もありますが，当該方法では事務負担が大きいため，会計ソフトから現金預金取引の帳簿記録をCSVファイルで出力し，これを加工することによって資金繰り実績表を作成することが一般的です。また，資金繰り実績資料の作成にあたっては，念のため当該資料における資金残高数値の正確性を確認することも必要です。具体的には，現金について現物実査結果との照合，預金残高について通帳等の銀行情報との照合を行うこ

とになります。

　なお，預金残高は銀行情報から正確な数値を把握することが可能であるため，比較的容易に帳簿や資金繰り残高との整合確認作業ができますが，現金については自社であるべき実残高を把握することが必要となるため，預金と比較して管理の事務負担が大きくなります。そもそも資金を現金という形態で保有することはリスク管理の観点からも望ましいとは言えず，多額の現金残高がある場合には，その必要性について再考することも重要です。

### 〈図表V-3〉資金繰り実績の作成

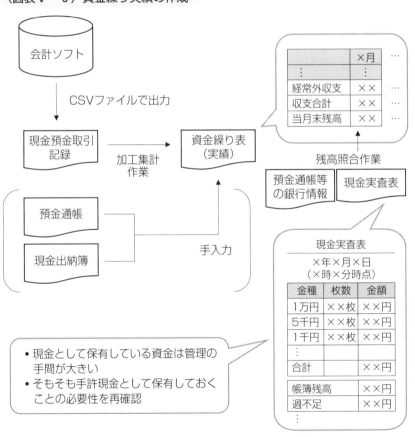

## ⑵ 資金繰り予測

　実績資料の作成の次に必要な作業は予測情報の作成です。

　資金繰り予測情報は，直前のBS実績情報およびPL予測情報から作成します。PL予測については，予算数値等があればこれを利用し，なければ簡単な損益予測の数値前提を作成する必要があります。

　まず，直前のBS実績情報の利用についてですが，具体的にはBSに計上されている資産・負債について現金化時期の仮定を置く必要があります。この仮定は，厳密さを求めると非常に事務負担が大きくなるため，金額的に重要な資産・負債を中心に大まかな計算前提を設定するイメージで行います（〈図表Ⅴ－4〉）。

### 〈図表Ⅴ－4〉 BS項目の現金化予測

|  |  |  | 資金繰り予測 | | | | |
| BS科目 | 12月末 実績 | 資金繰り上における 現金化時期の仮定 | 1月 予測 | 2月 予測 | 3月 予測 | 4月 予測 | 5月 予測 |
|---|---|---|---|---|---|---|---|
| 受取手形 | 100 | 手形期日 | 50 | 30 | 20 |  |  |
| 売掛金 | 300 | 翌月80％現金回収 | 240 |  |  |  |  |
|  |  | 翌月20％手形回収（3カ月サイト） |  |  |  | 60 |  |
| 支払手形 | 50 | 手形期日 | 25 | 15 | 10 |  |  |
| 買掛金 | 200 | 翌月80％現金支払 | 160 |  |  |  |  |
|  |  | 翌月20％手形支払（3カ月サイト） |  |  |  | 40 |  |
| 借入金 | 800 | 毎月約定返済 | 5 | 5 | 5 | 5 | 5 |
| 投資有価証券 | 50 | 2カ月後売却 |  | 50 |  |  |  |
| ⋮ |  |  | ⋮ |  |  |  |  |

　次にPL予測情報の利用についてですが，PL情報が税抜ベースで作成されている場合には，現金化にあたっては消費税相当が追加考慮されるため，税込ベースの金額に補正する必要があります（〈図表Ⅴ－5〉）。その上で，BS情報と同様にそれぞれの金額について現金化時期の仮定を置くことになります。な

お，給料手当やその他経費等は，〈図表Ｖ－６〉の仮定において当月現金払の前提としており，この前提は，PL予測情報の当月発生経費額をそのまま当月支出項目とすることを意味しています。実態としてはこれら経費等の支払時期が翌月以降となっているケースも当然にあり得ますが，これらの費目は毎月の支出金額が固定的であることも多く，仮に当月現金払の前提を置いたとしても，資金支出予測が実態の資金支出と大きく変わらないことも多いと思われます。また，比較的短期的な支払項目であれば，１カ月程度の月ずれが生じるだけであり，資金予測に重要な影響を与えることも少ないと思われます。毎月固定的に発生する支出項目については，あまり複雑な前提を置きすぎず，実務的に簡便な前提を置くことも重要なポイントです。ただし，このような場合には〈図表Ｖ－４〉におけるBSに計上されている負債項目の現金化前提と重複しないようにだけ留意する必要があります。例えば，〈図表Ｖ－４〉で買掛金200について，１月の支払前提を160と置いていますが，当該支払内容と〈図表Ｖ－６〉における１月の経費支払が重複するようなケースもあり得るため，その場合にはいずれかの支出前提を未考慮とするなど調整が必要となることがあります。

### 〈図表Ｖ－５〉PL項目の税込への補正

| PL科目 | 1月 予測（税抜） | 2月 予測（税抜） | 3月 予測（税抜） | | 1月 予測（税込） | 2月 予測（税込） | 3月 予測（税込） |
|---|---|---|---|---|---|---|---|
| 売上高 | 300 | 350 | 250 | 税込へ補正 ⇒ | 330 | 385 | 275 |
| 仕入高 | 200 | 300 | 150 | | 220 | 330 | 165 |
| 給料手当 | 50 | 50 | 50 | | 50 | 50 | 50 |
| 法定福利費 | 5 | 5 | 5 | | 5 | 5 | 5 |
| 荷造運賃 | 10 | 10 | 10 | | 11 | 11 | 11 |
| 支払手数料 | 5 | 5 | 5 | | 6 | 6 | 6 |
| 雑費 | 10 | 10 | 10 | | 11 | 11 | 11 |
| 支払利息 | 1 | 1 | 1 | | 1 | 1 | 1 |

（注）図表中の数値は小数点以下を省略しています。

## 〈図表Ⅴ－6〉PL項目の現金化予測

資金繰り予測

| PL科目 | 1月 予測 (税込) | 2月 予測 (税込) | 3月 予測 (税込) | 資金繰り上における 現金化時期の仮定 | 1月 予測 | 2月 予測 | 3月 予測 | 4月 予測 | 5月 予測 |
|---|---|---|---|---|---|---|---|---|---|
| 売上高 | 330 | 385 | 275 | 翌月80%現金回収 | | 264 | 308 | 220 | |
| | | | | 翌月20%手形回収 （3カ月サイト） | | | | | 66 |
| 仕入高 | 220 | 330 | 165 | 翌月80%現金支払 | | 176 | 264 | 132 | |
| | | | | 翌月20%手形支払 （3カ月サイト） | | | | | 44 |
| 給料手当 | 50 | 50 | 50 | 当月現金払 | 50 | 50 | 50 | | |
| 法定福利費 | 5 | 5 | 5 | 当月現金払 | 5 | 5 | 5 | | |
| 荷造運賃 | 11 | 11 | 11 | 当月現金払 | 11 | 11 | 11 | 省略 | |
| 支払手数料 | 6 | 6 | 6 | 当月現金払 | 6 | 6 | 6 | | |
| 雑費 | 11 | 11 | 11 | 当月現金払 | 11 | 11 | 11 | | |
| 支払利息 | 1 | 1 | 1 | 当月現金払 | 1 | 1 | 1 | | |

（注）図表中の数値は小数点以下を省略しています。

　〈図表Ⅴ－4〉および〈図表Ⅴ－6〉の情報を合算すると，〈図表Ⅴ－7〉のような資金繰り予測情報となります。

## 〈図表Ⅴ－7〉資金繰り表

| | 1月 予測 | 2月 予測 | 3月 予測 |
|---|---|---|---|
| 前月末残高 | 200 | 217 | 281 |
| 　　手形入金 | 50 | 30 | 20 |
| 　　売掛金入金 | 240 | 264 | 308 |
| 経常収入 | 290 | 294 | 328 |
| 　　手形支払 | 25 | 15 | 10 |
| 　　買掛金支払 | 160 | 176 | 264 |
| 　　給与支払 | 50 | 50 | 50 |
| 　　法定福利費 | 5 | 5 | 5 |
| 　　荷造運賃 | 11 | 11 | 11 |

| | | | |
|---|---|---|---|
| 支払手数料 | 6 | 6 | 6 |
| 雑費 | 11 | 11 | 11 |
| 支払利息 | 1 | 1 | 1 |
| 経常支出 | 269 | 275 | 358 |
| 経常収支 | 22 | 20 | ▲29 |
| 投資有価証券売却 | | 50 | |
| 経常外収入 | − | 50 | − |
| 借入金返済 | 5 | 5 | 5 |
| 経常外支出 | 5 | 5 | 5 |
| 経常外収支 | ▲5 | 45 | ▲5 |
| 収支合計 | 17 | 65 | ▲34 |
| 当月末残高 | 217 | 281 | 247 |

(注) 図表中の数値は小数点以下を省略しています。

　最後に，本章1の作成形式でも紹介したその他必要と考えられる租税公課項目について追加していきます。まず，消費税支払については，通常納付予定金額が決まっているため，当該予定金額を追加考慮します。社会保険料支払，源泉税（所得税や住民税）は，〈図表Ⅴ−7〉の前提ではPL情報の給料手当をそのまま支出項目としているところ，実際の支払は従業員に対する支払額（社会保険料等の預り控除後）と預り社会保険料等の納付に分かれるため，給料手当金額を〈図表Ⅴ−8〉のとおり分解することで，これら支払項目を別掲することができます。

### 〈図表Ⅴ−8〉社会保険料等の別掲

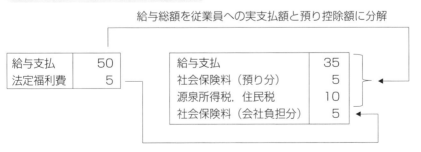

給与総額を従業員への実支払額と預り控除額に分解

| 給与支払 | 50 |
|---|---|
| 法定福利費 | 5 |

| 給与支払 | 35 |
|---|---|
| 社会保険料（預り分） | 5 |
| 源泉所得税，住民税 | 10 |
| 社会保険料（会社負担分） | 5 |

追加補正を考慮した最終的な資金繰り表は〈図表Ⅴ－9〉のとおりとなります。

〈図表Ⅴ－9〉補正後資金繰り表

|  | 1月<br>予測 | 2月<br>予測 | 3月<br>予測 |
|---|---|---|---|
| 前月末残高 | 200 | 217 | 281 |
| 　手形入金 | 50 | 30 | 20 |
| 　売掛金入金 | 240 | 264 | 308 |
| 経常収入 | 290 | 294 | 328 |
| 　手形支払 | 25 | 15 | 10 |
| 　買掛金支払 | 160 | 176 | 264 |
| 　給与支払 | 35 | 35 | 35 |
| 　社会保険料 | 10 | 10 | 10 |
| 　消費税 |  |  | 20 |
| 　源泉税，住民税 | 10 | 10 | 10 |
| 　荷造運賃 | 11 | 11 | 11 |
| 　支払手数料 | 6 | 6 | 6 |
| 　雑費 | 11 | 11 | 11 |
| 　支払利息 | 1 | 1 | 1 |
| 経常支出 | 269 | 275 | 378 |
| 経常収支 | 22 | 20 | ▲49 |
| 　投資有価証券売却 | － | 50 | － |
| 経常外収入 | － | 50 | － |
| 　借入金返済 | 5 | 5 | 5 |
| 経常外支出 | 5 | 5 | 5 |
| 経常外収支 | ▲5 | 45 | ▲5 |
| 収支合計 | 17 | 65 | ▲54 |
| 当月末残高 | 217 | 281 | 227 |

（注）図表中の数値は小数点以下を省略しています。

## (3) 過去実績との比較検証

　資金繰り予測情報を作成した後，最後に必要となる作業が過去実績との比較です。

　2で紹介した予測情報の作成は，一定の仮定に基づく推定値であり，項目の

漏れが発生することや不自然な資金水準となることもあり得ます。実際の作成実務においては，機械的な作成プロセスの結果でき上がった資金繰り表が実態と乖離することは頻繁に生じ得るため，必ず過去の資金繰り実績と比較を行い，不備の有無を確認する必要があります。

　具体的には，まず，過去の資金繰り実績と資金繰り予測の比較を行い，単純な収支項目の漏れの有無，および同一項目間における金額感の相違を確認します。次に，過去のPL実績と資金繰り実績の比較を行い，会社のPL変動に対応する資金変動のトレンドを把握し，予測におけるそれと比較することにより予測情報における異常な資金変動の有無を確認します。なお，PL変動に対応する資金変動のトレンドについては，後記3をご参照ください。

### 〈図表Ⅴ-10〉 過去実績との比較

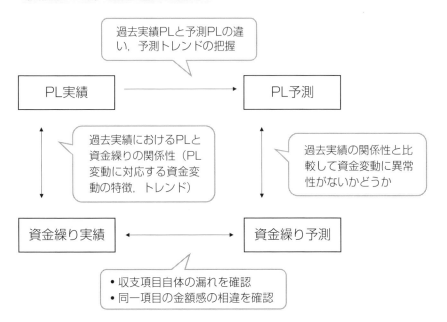

# 3．資金繰り表とPLの関係

> 【ポイント】
> ● 資金繰り表とPLの違いを理解することが重要
> ● 両者の差異は資金面からみたビジネスの特徴

　実際に資金繰り表を活用するにあたっては，PLと資金繰り表の違いについて理解することが重要なポイントになりますので，本章の最後に資金繰り表とPLの関係について解説します。

　そもそもPLとは，第Ⅰ章でご紹介したとおり，企業の一定期間における収益・費用（および利益）を示した財務書類ですが，当該収益・費用の金額は現金収支が発生していない段階で記録された取引を多く含んでいるため，資金収支額とは全く異なる数値となります。一方で資金繰り表が示す数値は実際の資金収支額そのものであるため，両者の数値は大きく乖離することが通常です。この両者の乖離具合や乖離の特徴を把握することが，資金繰り表とPLの関係を理解することにつながります。また，この乖離状況は企業が行っているビジネスの特徴を示すものでもあるため，重要性が高い情報と言えます。

　実際に簡単な数値例でみてみましょう。〈図表Ⅴ－11〉は売上高が増加している局面で売上代金の回収が2カ月後，仕入代金の支払が1カ月後である場合のPLと資金繰りの数値推移をまとめたものです（わかりやすくするために，売上，仕入以外の要素はないものとします）。

〈図表Ⅴ-11〉PLと資金繰りの関係①

PL実績

| PL科目 | 1月 実績 (税込) | 2月 実績 (税込) | 3月 実績 (税込) | 現金化時期 |
|---|---|---|---|---|
| 売上高 | 100 | 150 | 200 | 2カ月後現金回収 |
| 仕入高 | 80 | 120 | 160 | 1カ月後現金支払 |

資金繰り実績

| | 1月 実績 | 2月 実績 | 3月 実績 | 4月 実績 | 5月 実績 |
|---|---|---|---|---|---|
| | | | 100 | 150 | 200 |
| | | 80 | 120 | 160 | |

| PL実績 | 1月 | 2月 | 3月 | 4月 | 5月 | 合計 |
|---|---|---|---|---|---|---|
| 売上高 | 100 | 150 | 200 | | | 450 |
| 仕入高 | 80 | 120 | 160 | | | 360 |
| 差引 | 20 | 30 | 40 | | | 90 |

| 資金繰り実績 | 1月 | 2月 | 3月 | 4月 | 5月 | 合計 |
|---|---|---|---|---|---|---|
| 売上収入 | － | － | 100 | 150 | 200 | 450 |
| 仕入支出 | － | 80 | 120 | 160 | － | 360 |
| 差引 | － | ▲80 | ▲20 | ▲10 | 200 | 90 |

　この数値例は，PLでは毎月利益が発生し，その額も増加する傾向となっていますが，資金繰り表では仕入支払が売上金回収に先行する前提であるため，2月に大きな支払が発生し，売上が増加していく2月以降も仕入増加による支払増加の影響が大きいため，資金収支は4月までマイナスとなっています。そして，最終的な資金増加効果が得られるのは，PL実績の最終月である3月から2カ月後の5月となっています（200の回収）。これは，当該事業が支払先行型で運転資金を必要とするという資金面からみたビジネスの特徴を表しているとも言えます。当該運転資金分については手許資金として確保する必要があり，当該資金を借入で補填している場合にはその借入により生じる利息負担も実質的な経費として考慮することも考えられるでしょう。

　次に，同様のPL実績において，売上代金の回収が1カ月後，仕入代金の支払が2カ月後であるケースを想定します（〈図表Ⅴ-12〉）。

## 〈図表V－12〉PLと資金繰りの関係②

PL実績

| PL科目 | 1月 実績 (税込) | 2月 実績 (税込) | 3月 実績 (税込) | 現金化時期 |
|---|---|---|---|---|
| 売上高 | 100 | 150 | 200 | 1カ月後現金回収 |
| 仕入高 | 80 | 120 | 160 | 2カ月後現金支払 |

資金繰り実績

| | 1月 実績 | 2月 実績 | 3月 実績 | 4月 実績 | 5月 実績 |
|---|---|---|---|---|---|
| | | 100 | 150 | 200 | |
| | | | 80 | 120 | 160 |

| PL実績 | 1月 | 2月 | 3月 | 4月 | 5月 | 合計 |
|---|---|---|---|---|---|---|
| 売上高 | 100 | 150 | 200 | | | 450 |
| 仕入高 | 80 | 120 | 160 | | | 360 |
| 差引 | 20 | 30 | 40 | | | 90 |

| 資金繰り実績 | 1月 | 2月 | 3月 | 4月 | 5月 | 合計 |
|---|---|---|---|---|---|---|
| 売上収入 | － | 100 | 150 | 200 | － | 450 |
| 仕入支出 | － | － | 80 | 120 | 160 | 360 |
| 差引 | － | 100 | 70 | 80 | ▲160 | 90 |

　この場合では，売上金回収が先行するため，売上増加局面においても資金収支はプラスで推移するため，手許運転資金は不要となっています。一方で，支払が後追いで発生するため，売上回収がなくなる5月には多額の支払が発生し，売上が増加していた局面では対応する仕入支払も増加しているため，その金額は大きくなる傾向がみえます。現実的には事業撤退時など，極端なケース以外では生じ得ない状況ですが，突如売上高が減少するような場合には留意が必要でしょう。

　さらに，今度は〈図表V－12〉と同様の前提で売上高が減少局面のケースをみていきます。

## 〈図表Ⅴ-13〉PLと資金繰りの関係③

PL実績

| PL科目 | 1月 実績(税込) | 2月 実績(税込) | 3月 実績(税込) | 現金化時期 |
|---|---|---|---|---|
| 売上高 | 200 | 150 | 100 | 1カ月後現金回収 |
| 仕入高 | 160 | 120 | 80 | 2カ月後現金支払 |

資金繰り実績

| 1月 実績 | 2月 実績 | 3月 実績 | 4月 実績 | 5月 実績 |
|---|---|---|---|---|
| | 200 | 150 | 100 | |
| | | 160 | 120 | 80 |

| PL実績 | 1月 | 2月 | 3月 | 4月 | 5月 | 合計 |
|---|---|---|---|---|---|---|
| 売上高 | 200 | 150 | 100 | | | 450 |
| 仕入高 | 160 | 120 | 80 | | | 360 |
| 差引 | 40 | 30 | 20 | | | 90 |

| 資金繰り実績 | 1月 | 2月 | 3月 | 4月 | 5月 | 合計 |
|---|---|---|---|---|---|---|
| 売上収入 | － | 200 | 150 | 100 | － | 450 |
| 仕入支出 | － | － | 160 | 120 | 80 | 360 |
| 差引 | － | 200 | ▲10 | ▲20 | ▲80 | 90 |

　このケースでは，売上高が減少局面にあるため，徐々に売上金回収額が減少していますが，仕入支払は事後的に生じるため，売上減少後の回収代金と売上減少前段階における仕入支払が同月内で発生する関係となり，PLでは利益が発生しているにもかかわらず3月以降資金収支がマイナスとなっています。

　このように，PLと資金繰りの関係分析は，資金面からみたビジネスの特徴を理解することを可能とし，またPLの変動予測に応じた資金変動も推測しやすくなるというメリットも得られます。そのほか2⑶で説明したように，作成した資金繰り予測における異常な数値傾向の有無を確認するためには，これらの過去分析を通じて会社における資金変動の特徴を理解しておくことが必要です。例えば，会社の過去実績が〈図表Ⅴ-11〉の前提である場合に，予測PLで売上増加を見込んでいるのであれば，その資金効果の発生は2カ月後となるはずであり，実際に作成した資金繰り予測が異なるトレンドを示していれば，資金繰り予測の計算前提等を再確認する必要があるということです（〈図表Ⅴ-14〉）。

〈図表Ⅴ−14〉PLと資金繰りの関係分析

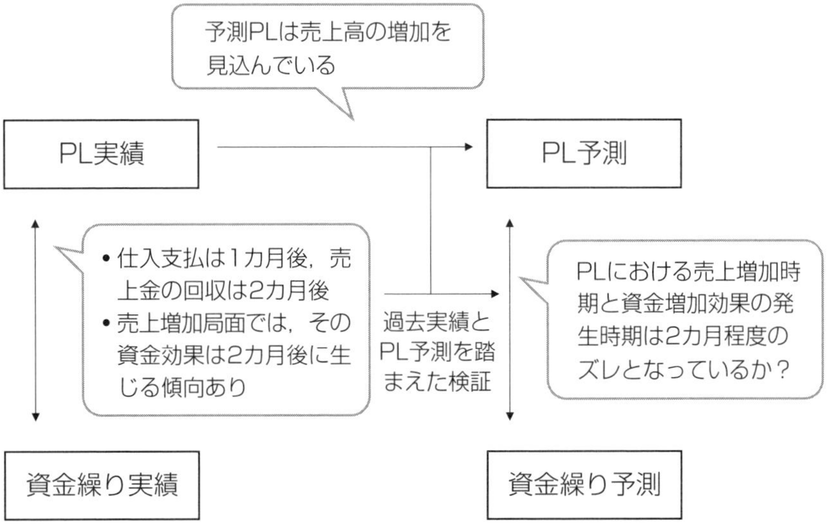

予測PLは売上高の増加を見込んでいる

| PL実績 | → | PL予測 |

・仕入支払は1カ月後、売上金の回収は2カ月後
・売上増加局面では、その資金効果は2カ月後に生じる傾向あり

過去実績とPL予測を踏まえた検証

PLにおける売上増加時期と資金増加効果の発生時期は2カ月程度のズレとなっているか？

| 資金繰り実績 | 資金繰り予測 |

# 第VI章 キャッシュ・フロー計算書

　第VI章では，キャッシュ・フロー計算書（以下「CF計算書」と言います）について解説します。CF計算書とは，一定期間における資金収支の状況を示した財務書類の1つであり，それがもたらす情報は基本的に資金繰り表と同様です。ただし，CF計算書は年間等の比較的長い期間における資金収支の概要を示す目的で作成されるものであり，またその作成プロセスも資金繰り表とは大きく異なります。中小企業においてCF計算書の作成が必要となるケースは多くありませんが，外部関係者（銀行等）の要請により第IV章で紹介した事業計画における資金計画として作成されることがあります。また，CF計算書の作成過程を理解することは，財務分析スキルを飛躍的に高めることにつながるため，本章で紹介することとしています。他章と比較して，ややテクニカルな内容が含まれており，BS，PLを使った頭の体操に近い内容ですので，実務で不要な読者は読み飛ばしていただいて構いません。

## 1．キャッシュ・フロー計算書の仕組み

【ポイント】
- CF計算書はBSとPLの中間に位置する財務諸表
- CF計算書はBSとの関連が非常に高い

　CF計算書は，前述のとおり，一定期間の資金収支を明らかにした財務書類であり，一定期間におけるフロー（取引量）を示すという意味ではPLに近い印象を持たれることがあります。しかし，その作成プロセスをみていくと，むしろBSとの関連が非常に高く，BSとPLの中間に位置する財務書類であると言えます。

〈図表Ⅵ−1〉財務三表の位置づけ

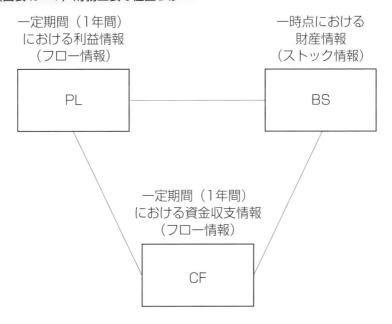

実際のCF計算書のサンプルは〈図表Ⅵ−2〉のとおりです。

〈図表Ⅵ−2〉のCF計算書は，間接法と呼ばれる一般的な手法で作成された
もので，一定期間のCF合計を営業活動によるキャッシュ・フロー（以下「営業CF」と言います），投資活動によるキャッシュ・フロー（以下「投資CF」と言います），財務活動によるキャッシュ・フロー（以下「財務CF」と言います）の3つの区分に分類した表示形式となっています。CF計算書は資金繰り表と比較して，資金収支に関連する情報量という点で劣りますが，BS，PL等を利用して簡単に作成できるという特徴があります。また，概括的に年間の資金収支を把握するという観点からは大変有用な財務書類と言えます。一方で，営業CFの内訳として並ぶ項目などは，一般的に理解されにくく，専門家以外からは敬遠されがちな財務書類という特徴もあります。しかし，実際の仕組みはそれほど難解なものではなく，作成プロセスを理解すれば比較的馴染みやすいも

のとなります。また，営業CFの内訳項目の意味を理解することによって，当該CF計算書から得られる情報も大きく広がります。

〈図表Ⅵ−2〉CF計算書サンプル

CF計算書
×年×月×日〜×年×月×日

| 科目 | 金額 |
|---|---|
| 税引前利益 | 200 |
| 減価償却費 | 150 |
| 投資有価証券売却益 | ▲10 |
| 除却損 | 50 |
| 売掛金増減 | ▲100 |
| 在庫増減 | 100 |
| その他流動資産増減 | ▲50 |
| 買掛金増減 | 150 |
| その他流動負債増減 | ▲10 |
| 引当金増減 | 50 |
| その他固定負債増減 | 50 |
| 小計 | 580 |
| 法人税支払 | ▲50 |
| 小計 | ▲50 |
| 営業CF計 | 530 |

| | |
|---|---|
| 有形固定資産取得 | ▲300 |
| 投資有価証券売却 | 60 |
| 投資CF計 | ▲240 |

| | |
|---|---|
| 借入金増減 | 50 |
| 配当支払 | ▲40 |
| 財務CF計 | 10 |

| | |
|---|---|
| 現金預金増減 | 300 |

| | |
|---|---|
| 期首現金預金 | 100 |
| 期末現金預金 | 400 |

作成プロセスの特徴が最も表現されている部分

営業活動により生じたCF（本業の儲けに近いイメージ）

投資活動により生じたCF（設備投資，資産売却等）

財務活動により生じたCF（借入，返済，配当等）

CFの総合計

次にCF計算書の仕組みについてですが，まずCF計算書は2期分のBS情報をもとにして作成します。これが大きな特徴の1つです。そして，2期分のBS情報から各期の数値比較によりBS科目の増減額を把握します。BSはその特徴から，資産の合計と負債および純資産の合計が一致する財務書類となっていますので，2期分の増減額も資産合計の増減額と負債および純資産合計の増減額は一致する結果となります。

〈図表Ⅵ－3〉BS増減額の関係

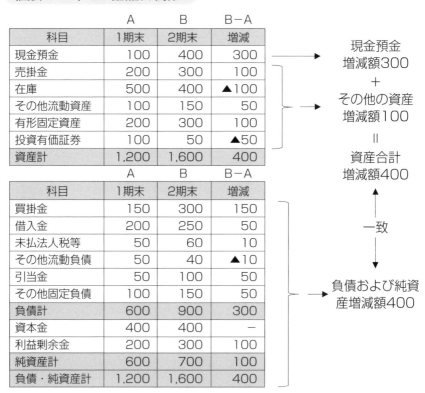

|  | A | B | B−A |
|---|---|---|---|
| 科目 | 1期末 | 2期末 | 増減 |
| 現金預金 | 100 | 400 | 300 |
| 売掛金 | 200 | 300 | 100 |
| 在庫 | 500 | 400 | ▲100 |
| その他流動資産 | 100 | 150 | 50 |
| 有形固定資産 | 200 | 300 | 100 |
| 投資有価証券 | 100 | 50 | ▲50 |
| 資産計 | 1,200 | 1,600 | 400 |

|  | A | B | B−A |
|---|---|---|---|
| 科目 | 1期末 | 2期末 | 増減 |
| 買掛金 | 150 | 300 | 150 |
| 借入金 | 200 | 250 | 50 |
| 未払法人税等 | 50 | 60 | 10 |
| その他流動負債 | 50 | 40 | ▲10 |
| 引当金 | 50 | 100 | 50 |
| その他固定負債 | 100 | 150 | 50 |
| 負債計 | 600 | 900 | 300 |
| 資本金 | 400 | 400 | － |
| 利益剰余金 | 200 | 300 | 100 |
| 純資産計 | 600 | 700 | 100 |
| 負債・純資産計 | 1,200 | 1,600 | 400 |

現金預金
増減額300
＋
その他の資産
増減額100
＝
資産合計
増減額400

一致

負債および純資産増減額400

次にこの関係を現金預金増減額を中心とした計算式で表すと〈図表Ⅵ－4〉のとおりになります。結局のところ，CF計算書が提供する情報，すなわち現金預金増減額（＝CF）は，負債および純資産の増減額から現金預金以外の資産の増減額を控除した額と一致することがわかります。この関係を利用して作成される財務書類がCF計算書です。

〈図表Ⅵ－4〉現金預金増減額の分解

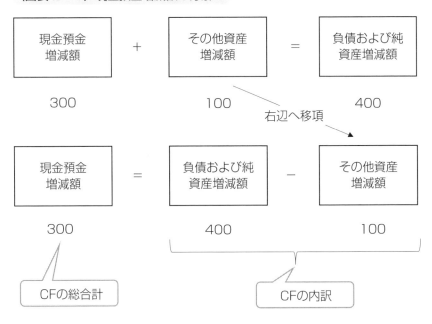

# 2．キャッシュ・フロー計算書の作成方法

【ポイント】
• CF計算書はBS増減の分解そのもの

　それでは早速，数値例を用いてCF計算書の作成プロセスを具体的にみてい
きましょう。まず，1で説明した計算式に沿ってBS科目の増減額を並べていく
ことにします。

### 〈図表Ⅵ－5〉BS増減額のCF項目への調整

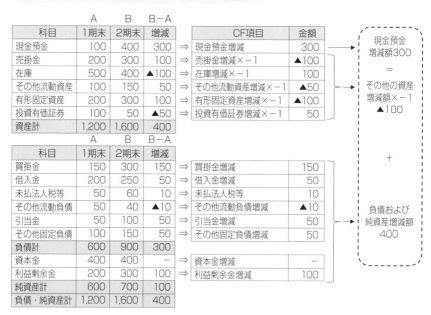

| 科目 | A 1期末 | B 2期末 | B-A 増減 | | CF項目 | 金額 |
|---|---|---|---|---|---|---|
| 現金預金 | 100 | 400 | 300 | ⇒ | 現金預金増減 | 300 |
| 売掛金 | 200 | 300 | 100 | ⇒ | 売掛金増減×−1 | ▲100 |
| 在庫 | 500 | 400 | ▲100 | ⇒ | 在庫増減×−1 | 100 |
| その他流動資産 | 100 | 150 | 50 | ⇒ | その他流動資産増減×−1 | ▲50 |
| 有形固定資産 | 200 | 300 | 100 | ⇒ | 有形固定資産増減×−1 | ▲100 |
| 投資有価証券 | 100 | 50 | ▲50 | ⇒ | 投資有価証券増減×−1 | 50 |
| 資産計 | 1,200 | 1,600 | 400 | | | |

| 科目 | A 1期末 | B 2期末 | B-A 増減 | | | |
|---|---|---|---|---|---|---|
| 買掛金 | 150 | 300 | 150 | ⇒ | 買掛金増減 | 150 |
| 借入金 | 200 | 250 | 50 | ⇒ | 借入金増減 | 50 |
| 未払法人税等 | 50 | 60 | 10 | ⇒ | 未払法人税等 | 10 |
| その他流動負債 | 50 | 40 | ▲10 | ⇒ | その他流動負債増減 | ▲10 |
| 引当金 | 50 | 100 | 50 | ⇒ | 引当金増減 | 50 |
| その他固定負債 | 100 | 150 | 50 | ⇒ | その他固定負債増減 | 50 |
| 負債計 | 600 | 900 | 300 | | | |
| 資本金 | 400 | 400 | － | ⇒ | 資本金増減 | － |
| 利益剰余金 | 200 | 300 | 100 | ⇒ | 利益剰余金増減 | 100 |
| 純資産計 | 600 | 700 | 100 | | | |
| 負債・純資産計 | 1,200 | 1,600 | 400 | | | |

現金預金増減額300
＝
その他の資産
増減額×−1
▲100

＋

負債および
純資産増減額
400

　次に，BS科目の増減額を項目種類ごとに集約して並べ替えていきます。具
体的には，最終的に投資CFに区分される項目，財務CFに区分される項目を抽

出しながら，項目全体を整理する作業になります（〈図表Ⅵ－6〉）。ここまで
みると，1で紹介したCF計算書の最終形態のイメージにかなり近づいている
ことがおわかりいただけると思います。

〈図表Ⅵ－6〉CF項目の並べ替え

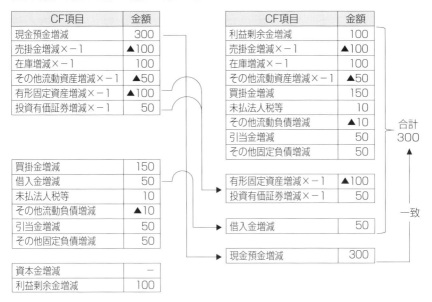

| CF項目 | 金額 |
|---|---|
| 現金預金増減 | 300 |
| 売掛金増減×－1 | ▲100 |
| 在庫増減×－1 | 100 |
| その他流動資産増減×－1 | ▲50 |
| 有形固定資産増減×－1 | ▲100 |
| 投資有価証券増減×－1 | 50 |

| CF項目 | 金額 |
|---|---|
| 買掛金増減 | 150 |
| 借入金増減 | 50 |
| 未払法人税等 | 10 |
| その他流動負債増減 | ▲10 |
| 引当金増減 | 50 |
| その他固定負債増減 | 50 |

| 資本金増減 | － |
|---|---|
| 利益剰余金増減 | 100 |

| CF項目 | 金額 |
|---|---|
| 利益剰余金増減 | 100 |
| 売掛金増減×－1 | ▲100 |
| 在庫増減×－1 | 100 |
| その他流動資産増減×－1 | ▲50 |
| 買掛金増減 | 150 |
| 未払法人税等 | 10 |
| その他流動負債増減 | ▲10 |
| 引当金増減 | 50 |
| その他固定負債増減 | 50 |

| 有形固定資産増減×－1 | ▲100 |
|---|---|
| 投資有価証券増減×－1 | 50 |

| 借入金増減 | 50 |
|---|---|

| 現金預金増減 | 300 |
|---|---|

合計
300

一致

さらに次は，各CF項目を実際の現金収支額へ整合させる，または特定の項
目を別掲表示するために必要な分解および調整を行います。ここで初めてPL
情報を利用します（〈図表Ⅵ－7〉）。

そして最後に必要な作業工程は，前述の分解項目を考慮した上で各BS増減
項目を最終のCF計算書へ反映させることです（〈図表Ⅵ－8〉）。当該分解作業
および調整は，投資CFおよび財務CFで表記される金額が実際の現金収支額と
整合するように修正する内容が中心となります。例えば，有形固定資産の増減
で言えば，その内訳は，取得による増加，減価償却による減少，除売却による
減少等となりますが，これらの内訳項目のうち，実際に現金収支を伴う取引は

### 〈図表Ⅵ-7〉CF項目の分解

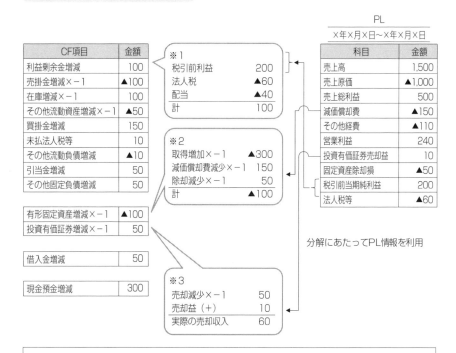

| CF項目 | 金額 |
|---|---|
| 利益剰余金増減 | 100 |
| 売掛金増減×-1 | ▲100 |
| 在庫増減×-1 | 100 |
| その他流動資産増減×-1 | ▲50 |
| 買掛金増減 | 150 |
| 未払法人税等 | 10 |
| その他流動負債増減 | ▲10 |
| 引当金増減 | 50 |
| その他固定負債増減 | 50 |

| 有形固定資産増減×-1 | ▲100 |
|---|---|
| 投資有価証券増減×-1 | 50 |

| 借入金増減 | 50 |
|---|---|

| 現金預金増減 | 300 |
|---|---|

※1
| 税引前利益 | 200 |
| 法人税 | ▲60 |
| 配当 | ▲40 |
| 計 | 100 |

※2
| 取得増加×-1 | ▲300 |
| 減価償却費減少×-1 | 150 |
| 除却減少×-1 | 50 |
| 計 | ▲100 |

※3
| 売却減少×-1 | 50 |
| 売却益（＋） | 10 |
| 実際の売却収入 | 60 |

PL
×年×月×日～×年×月×日

| 科目 | 金額 |
|---|---|
| 売上高 | 1,500 |
| 売上原価 | ▲1,000 |
| 売上総利益 | 500 |
| 減価償却費 | ▲150 |
| その他経費 | ▲110 |
| 営業利益 | 240 |
| 投資有価証券売却益 | 10 |
| 固定資産除却損 | ▲50 |
| 税引前当期純利益 | 200 |
| 法人税等 | ▲60 |

分解にあたってPL情報を利用

※1　税引前利益および法人税，配当支払による減少等に分解される
※2　取得による増加，減価償却による減少，除却減少による減少等に分解される（現金収支に関連する項目は取得，売却のみ）
※3　取得による増加，売却による減少等に分解される。また，売却時の実際の現金収入額は売却損益相当を加減した額となる

取得による増加および，売却による減少のみであると考えられます。したがって，投資CFに反映させるべき項目は，当該数値例でいえば，取得による増加▲300のみとなります。一方で，有形固定資産の全体増減額は▲100であるため，増加▲300以外の増減額（減価償却費＋150および除却損＋50）についても必ずCF計算書の項目としてどこかで考慮する必要があります。その結果，取得以外の増減額（減価償却費＋150および除却損＋50）は営業CFの内訳項目として

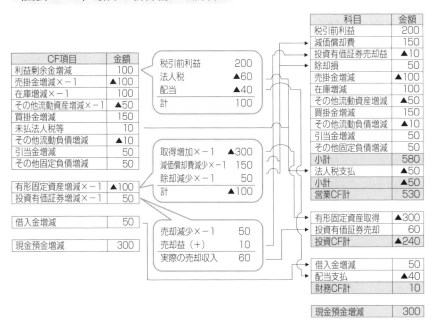

〈図表Ⅵ－8〉最終CF計算書への反映

反映されることになるのです。この調整は，投資CFを正しい金額に補正した結果生じる差額を全て営業CFへ寄せるイメージです。また，同様に投資有価証券は，その増減額が売却による減少50のみとなっていますが，実際の売却による現金収入額はPLで発生している売却益10を加算した金額となるため，投資CFへの反映時には当該金額（＋10）を加算する必要があります（簿価減少額よりも高い金額で売却したことによる差額が売却益であるため）。このケースでも，投資CFに反映すべき金額は実際の売却収入60ですが，あくまで投資有価証券の全体増減額は50であり，追加した売却益10について営業CFの内訳項目として同額を調整する必要があります（▲10で調整）。CF計算書の仕組みを理解するためには，CF計算書はあくまでBS増減額を分解したものにすぎないという基本事項を忘れないことが重要です。

# 3．BS増減と資金収支の関係

---

【ポイント】
• CF計算書はPL利益を資金収支に調整して作成

---

　本章ではこれまでCF計算書の作成プロセスの説明を通じてBS増減額と資金
収支のつながりについて解説してきました。しかし，パズル的な仕組みとして
は理解できたとしても，各BS科目の増減が資金収支に与える影響を感覚的に
理解することは難しい側面があるかもしれません。そこで，少しでもBS増減
が資金収支に与える影響をイメージできるように別の視点から補足の説明をし
たいと思います。

　先ほどの数値例を用いて，営業CFの内訳項目を再度みてみましょう。

　営業CFは税引前利益をベースに投資CFの調整項目およびその他資産・負債
科目（投資CFおよび財務CFに関連する科目を除く）の増減額を加減算した結
果計算される仕組みとなっています。ここで重要なポイントは，ベースとなっ
ているものがPLの利益であるという点です。第Ⅰ章で説明したとおり，PLが
示す利益は，現金収支を伴わない取引を記録対象に含んだ情報であり，企業が
獲得した儲けではあるものの現金以外の獲得財産や未だ支払が生じていない負
債も考慮した数値となっています。したがって，資金収支額に補正するために
は現金化していない資産・負債項目の増減額を調整していく必要が生じるの
です。例えば，売掛金についてみると，売掛金が増加した場合には資金収支に
与える影響としてマイナスの調整が入っています（CF計算書上の調整では売
掛金の増加はマイナス値）。売掛金の増加はPL上の利益計算においてプラスの
効果をもたらしている（将来現金化する財産の増加）一方で，実際には現金化
されていない財産が増えたことを意味しますので，当該調整は，PL利益への
マイナス補正を通じた資金収支額への修正という見方ができます。また，買掛
金についてみると，その増加が資金収支に与える影響はプラスとなっています。

買掛金の増加は，PL上の利益計算においてマイナスの効果をもたらしている（将来現金支払をもたらす負債の増加）一方で，実際には現金支払は未だ生じていない項目の増加であるため，当該調整はPL利益へのプラス補正を通じた資金収支額への修正ということになります。

　その他，減価償却費については，2で説明したように有形固定資産増減のうち資金収支を伴わない増減額を投資CFから除外することによって生じた調整項目という見方もできますが，別の視点では，PL利益において現金支出を伴わない費用項目（第Ⅰ章7頁参照）として考慮されているものであることから，プラス調整による資金収支額への修正を行っているとみることもできます。CF計算書の説明方法としてはむしろこの考え方が一般的ですが，1および2で説明した内容とあわせることで，よりBS増減と資金収支の関係に対する理解が深まります。

## コラム⑤　公表財務諸表としてのキャッシュ・フロー計算書

　上場企業では，キャッシュ・フロー計算書が公表財務諸表の1つとして年2回の作成，開示が義務づけられています。しかし，その歴史は他の財務諸表と比較して浅く，具体的には2000年ごろからその作成が義務づけられました。開示義務が設けられた2000年以前においても比較的近い情報である資金収支表の開示が義務づけられていましたが，企業における資金管理活動の実態が適格に反映されていないとの問題点からCF計算書の作成が必要とされました。また，諸外国では以前からCF計算書の作成が義務づけられており，日本での導入はコラム①と同様に国際化の流れの1つであるとも言えます。企業活動の目的は，利益確保であるものの，最終的には当該利益をCFとして獲得することがゴールの1つであり，第Ⅰ章で紹介したとおり，PLにおける利益が現金収支とは異なるという特徴からすれば，CF計算書がもたらす情報は重要であると言えるでしょう。

## 〈図表Ⅵ-9〉営業CFの内訳項目

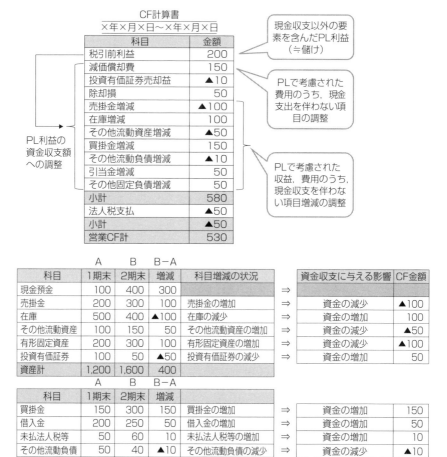

CF計算書
×年×月×日～×年×月×日

| 科目 | 金額 |
|---|---|
| 税引前利益 | 200 |
| 減価償却費 | 150 |
| 投資有価証券売却益 | ▲10 |
| 除却損 | 50 |
| 売掛金増減 | ▲100 |
| 在庫増減 | 100 |
| その他流動資産増減 | ▲50 |
| 買掛金増減 | 150 |
| その他流動負債増減 | ▲10 |
| 引当金増減 | 50 |
| その他固定負債増減 | 50 |
| 小計 | 580 |
| 法人税支払 | ▲50 |
| 小計 | ▲50 |
| 営業CF計 | 530 |

現金収支以外の要素を含んだPL利益（≒儲け）

PLで考慮された費用のうち，現金支出を伴わない項目の調整

PLで考慮された収益，費用のうち，現金収支を伴わない項目増減の調整

PL利益の資金収支額への調整

| 科目 | A 1期末 | B 2期末 | B－A 増減 | 科目増減の状況 | | 資金収支に与える影響 | CF金額 |
|---|---|---|---|---|---|---|---|
| 現金預金 | 100 | 400 | 300 | | ⇒ | | |
| 売掛金 | 200 | 300 | 100 | 売掛金の増加 | ⇒ | 資金の減少 | ▲100 |
| 在庫 | 500 | 400 | ▲100 | 在庫の減少 | ⇒ | 資金の増加 | 100 |
| その他流動資産 | 100 | 150 | 50 | その他流動資産の増加 | ⇒ | 資金の減少 | ▲50 |
| 有形固定資産 | 200 | 300 | 100 | 有形固定資産の増加 | ⇒ | 資金の減少 | ▲100 |
| 投資有価証券 | 100 | 50 | ▲50 | 投資有価証券の減少 | ⇒ | 資金の増加 | 50 |
| 資産計 | 1,200 | 1,600 | 400 | | | | |

| 科目 | A 1期末 | B 2期末 | B－A 増減 | 科目増減の状況 | | 資金収支に与える影響 | CF金額 |
|---|---|---|---|---|---|---|---|
| 買掛金 | 150 | 300 | 150 | 買掛金の増加 | ⇒ | 資金の増加 | 150 |
| 借入金 | 200 | 250 | 50 | 借入金の増加 | ⇒ | 資金の増加 | 50 |
| 未払法人税等 | 50 | 60 | 10 | 未払法人税等の増加 | ⇒ | 資金の増加 | 10 |
| その他流動負債 | 50 | 40 | ▲10 | その他流動負債の減少 | ⇒ | 資金の減少 | ▲10 |
| 引当金 | 50 | 100 | 50 | 引当金の増加 | ⇒ | 資金の増加 | 50 |
| その他固定負債 | 100 | 150 | 50 | その他固定負債の増加 | ⇒ | 資金の増加 | 50 |
| 負債計 | 600 | 900 | 300 | | | | |
| 資本金 | 400 | 400 | － | | ⇒ | | － |
| 利益剰余金 | 200 | 300 | 100 | 利益剰余金の増加 | ⇒ | 資金の増加 | 100 |
| 純資産計 | 600 | 700 | 100 | | | | |
| 負債・純資産計 | 1,200 | 1,600 | 400 | | | | |

# 4．キャッシュ・フロー計画の作成方法

> 【ポイント】
> ● CF計画の作成順序は，予測PL→予測BS→予測CF

　本章最後にCF計画の作成方法について簡単に解説します。これまでは実績CF計算書の作成方法について説明してきましたが，ここでご紹介するのは予測CFの作成方法です。本章冒頭で記載のとおり，中小企業において予測CFを必要とするケースは多くありませんが，事業計画等において将来の資金収支概要も予測できるに越したことはないため，念のため触れておくこととします。

　まず，予測CFを作成するにあたって理解しておくべきポイントは予測財務書類（BS, PL, CF）の作成順序です。具体的には〈図表Ⅵ－10〉のとおり，おおむね予測PL，予測BS，予測CFという順序で作成します。CF計算書は，前述のとおり，BSおよびPL（特にBS）を中心に作成されるものであるため，当然のことながら予測BSおよび予測PLがなければ作成できません。そして，予測BSは一部の項目について予測PLの情報を利用して数値を予測することになるため，このような作成順序となります。なお，最初の予測BS作成段階においては現金預金残高以外の予測数値をいったん作成し，これに基づき予測CF（現金預金増減額）を算定します。そして最後に直前の現金預金実績額に予測CF（現金預金増減額）を加えることによって予測BSにおける現金預金残高を決定することになります。

　また，予測BSにおける各項目の残高は，借入金等の変動予測が容易なものは関連する予測情報（返済予定表等に基づく将来残高）を利用して推定し，売掛金や買掛金等のPL数値（売上高や仕入高等）の変動と一定の関係性があると想定されるものは，過去のPL数値とBS残高の比率実績等（月次平均売上高と売掛金の比率等）を利用して推定することが一般的です。その他，大きな変動が見込まれない項目等については，過去実績のBS残高が変動しない（過去

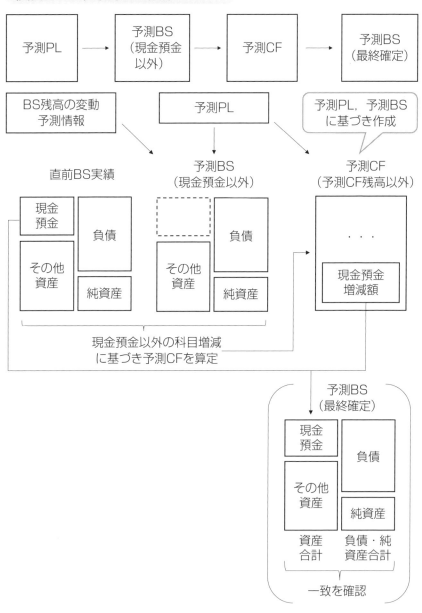

〈図表Ⅵ-10〉予測CFの作成プロセス

予測PL → 予測BS（現金預金以外）→ 予測CF → 予測BS（最終確定）

BS残高の変動予測情報

予測PL

予測PL，予測BSに基づき作成

直前BS実績

予測BS（現金預金以外）

予測CF（予測CF残高以外）

現金預金以外の科目増減に基づき予測CFを算定

予測BS（最終確定）

資産合計　負債・純資産合計

一致を確認

数値と同額）という簡便的な前提を置くこともあります。予測CFは，あくまでおおよその将来資金収支額を把握する目的で作成されることが通常であるため，その前提となる予測BS残高の推定も過度な厳密さにこだわらず，実務的に可能な範囲で行うとよいでしょう。

\* \* \*

# 第Ⅶ章 税金計算

　本章では主に税金計算（法人税）について解説します。中小企業ではそもそも財務書類の作成が税金計算を実質的な目的として行われているケースが圧倒的に多く，財務書類の必要性は税金計算にあると認識している経営者も多いかもしれません。しかし，財務書類の作成は会社法により義務づけられているものであり，一義的にはこの法令遵守を目的として作成されています。そして，税金計算はこの財務書類上の数値を利用して行うという関係になっています。ところが，税金計算においては，その計算前提となる数値の概念が会社法の要請で作成される財務書類の数値とは異なる部分があり，当該数値をそのまま利用することができないことがあります。この点が税金計算の仕組みをわかりづらくしている主な要因です。中小企業ではこれらの差異が大きく生じるケースはそれほど多くないため，財務管理においてそこまで重要なテーマとはなり得ませんが，税金計算の仕組みを理解する上では最低限把握しておくべき特徴であると言えます。そこで，本章では財務書類における数値と税金計算における数値概念の違いや税金計算の仕組みと基本的な計算方法についてご紹介します。ここで，「財務書類における数値」とは，本書第Ⅰ章から第Ⅵ章までで紹介してきた，いわゆるBS，PL等に基づく数値を指しており，本章では「会計」と呼ぶこととします。また会計と区別するために税金計算における各種調整やその結果数値は「税務」と呼ぶことにします。

# 1. 会計と税務の違い

> 【ポイント】
> ● 会計の目的は情報提供，税務の目的は税金計算
> ● 税務は会計に比して主観的な判断要素が少ない
> ● 税務には政策的に設定されたルールがある

　税金計算の仕組みを理解するためには，そもそも会計と税務の違いについて理解する必要があるため，最初にこの概念について解説します。冒頭記載のとおり，会計数値と税務数値には差異が生じますが，この原因は両者の目的の違いにあります。会計の目的は企業の財務状況を適切に表現することであり，これを利用する利害関係者に対する情報提供機能を持たせることが意図されています。これはまさに本書で取り扱っている様々な財務管理に関するテーマと整合する目的であり，財務管理において利用される数値が税務ではなく会計をベースとしているのは当然のことと言えるでしょう。一方で，税務の目的は，課税の公平性に配慮した正確な税金計算（ひいてはこれに基づく税金徴収）であり，会計と比較して主観的な判断要素が少なくなるように数値概念の範囲が狭くなっています。大雑把な言い方をすれば，誰が計算してもできるだけ同じ計算結果になるようにルールが細かく定められているということです。ただし，実際には税務においても判断や解釈の幅というものは存在し，全て画一的な処理が可能となるわけではありませんが，会計と比較すればそのような傾向があると言えます。その他，税務は景気動向等の外部環境を踏まえた政策的なルールが設定されることもあり，これは会計が目的とする財務状況の適切な表現とは関係がありません。このような税務の特徴も会計との乖離を生じさせる要因になり得ます。

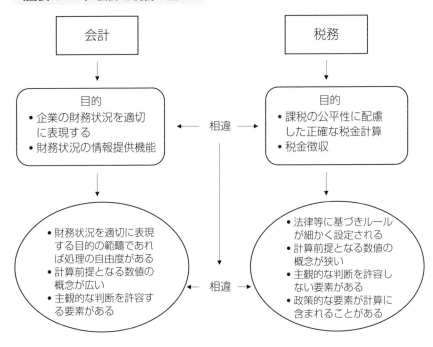

〈図表Ⅶ−1〉会計と税務の違い

より具体的な会計と税務の差異について説明すると，会計では企業の財務状況を適切に表現するためにたとえ未確定な見込情報であったとしても合理的な見積りが可能となった段階で費用を計上するという実務がありますが，税務においては確定的な情報のみで費用（正確には損金と言います）を認識します。会計と税務の差異は費用だけではなく収益（税務では益金と言います）について生じることもありますが，ほとんどは費用項目で差異が生じます。例えば，会計では将来の賞与支払についてその支出が未確定な状態においても合理的な見積りが可能であれば，適切な財務状況を反映するために費用や負債として計上するというケースがありますが，税務は同じタイミングでは認識しません。なぜならば，これらはあくまで将来の見込であり，企業によって見込方法

が異なれば，計上される金額も変わる上，その客観性を担保することも困難な要素があるためです。税務では，主観的な見込に基づく不確定な費用を考慮した税金計算を認めると課税の公平性を害することにもつながるため，このような処理を安易に容認することができないという考え方がベースにあります。その結果，費用について会計数値と税務数値は乖離することになり，最終的に計算される利益（税務では所得と呼ばれます）にも差異が生じることになります。ただし，税務において当該賞与支払が費用（損金）として永久に認識されないわけではなく，正確には認識する時期が会計とは異なることになります。つまり，税務において賞与支払はそれが確定したタイミング（支払時等）で費用（損金）として処理されます。このように会計と税務の差異は，多くのケースにおいてその費用項目の認識時点のズレという形で生じますが，そのほかそもそもの会計費用との範囲の違いにより永久に税務では認識されない項目も一定程度存在します。一定の要件を満たさない寄附金などがこれに該当しますが，その主な理由は法人が営利企業であることを前提にすれば，その支出は運営事業に対応する費用としての性格が薄いという当該費用項目の性質を重視していることによります。2で後述しますが，これはそもそも税金（法人税）は企業が獲得した儲け（所得）に対して課税するという仕組みになっていることとも関係しています。一方で会計的な側面からみれば，寄附金であっても企業がその活動の中でコストとして資金を流出し，財産減少をもたらしていることから，当然のように費用として認識し，正確な財務状況を表現することになります。

　なお，繰り返しになりますが，中小企業では会計において財務状況を適切に表すための厳密な会計処理を行うケースは多くはなく，税務との差異がほとんど生じないこともあります。一方で，税務と乖離しない会計処理を行っているということは，会計数値に基づく財務書類が企業の適切な財務状況を表現するという観点からは不十分な情報である可能性を示しています。財務数値情報を管理に活かす観点からは，極端な税務目的に傾斜した処理は望ましくないため，財務数値の利用局面に応じて会計処理方針を検討することは必要と言えます。

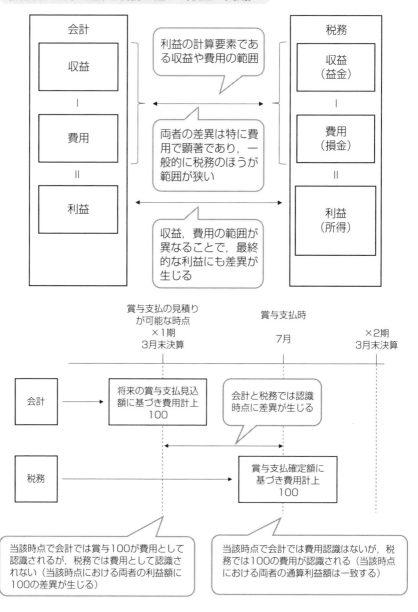

〈図表Ⅶ－2〉会計と税務の違い（収益・費用）

会計

収益

費用

利益

利益の計算要素である収益や費用の範囲

両者の差異は特に費用で顕著であり，一般的に税務のほうが範囲が狭い

収益，費用の範囲が異なることで，最終的な利益にも差異が生じる

税務

収益
（益金）

費用
（損金）

利益
（所得）

賞与支払の見積り
が可能な時点
×1期
3月末決算

賞与支払時

7月

×2期
3月末決算

会計

将来の賞与支払見込額に基づき費用計上
100

会計と税務では認識時点に差異が生じる

税務

賞与支払確定額に基づき費用計上
100

当該時点で会計では賞与100が費用として認識されるが，税務では費用として認識されない（当該時点における両者の利益額に100の差異が生じる）

当該時点で会計では費用認識はないが，税務では100の費用が認識される（当該時点における両者の通算利益額は一致する）

# 2．税金計算の仕組み

【ポイント】
• 税金計算は会計利益に調整を加える形で行われる
• 税額負担を軽減させる制度の存在を知る手段を持つことが重要

　それでは次に法人税計算の仕組みについて解説していきます。法人税は企業が獲得した儲け（所得）に対して一定の税率を乗じることで計算されます。税率を乗じる対象となる企業の儲け（所得）は，会計における財務数値を利用して計算しますが，前述のとおり，会計数値と税金計算の前提数値には差異があるため，当該差異部分を調整することにより税金計算のベースとなる儲け（所得）を計算します。その上で当該金額に税率を乗じて最終的な税金額が計算されます。このような会計と税務の調整および税額計算を行っている書類がいわゆる税務申告書です。

〈図表Ⅶ-3〉税金計算の仕組み

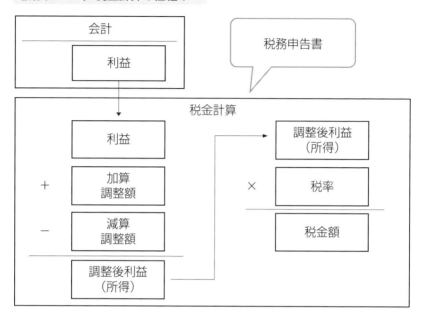

　また，〈図表Ⅶ-2〉で紹介した賞与支払のケースを前提にした税金計算の
イメージは〈図表Ⅶ-4〉のとおりです。

〈図表Ⅶ-4〉税金計算のイメージ

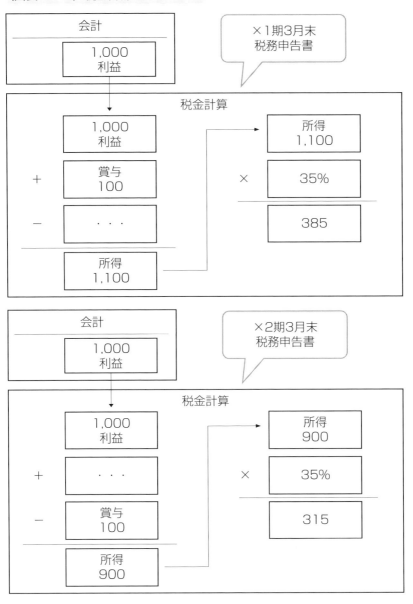

税金計算（法人税）の基本的な仕組みは〈図表Ⅶ－3〉のとおりですが，その他税金額の計算に影響を与える制度についても少し補足します。

　具体的には，税額負担を軽減させる制度として，所得控除，税額控除という仕組みがあります。具体的に所得控除は税率を乗じる前の所得を減額することによって税額を軽減させることができる制度であり，青色欠損金の繰越控除などが挙げられます。この青色欠損金の繰越控除は，一定の要件を満たせば過去に法人で生じた赤字（税務上の所得のマイナス）を翌年度以降に繰り越し，これを将来の所得と相殺することによって税額負担を減少させることができる制度であり，金額的にも非常に大きな影響を与えることがあります。一方で税額控除は計算された税額そのものを減額できる制度で，具体的には一定の要件を満たす設備投資を実施した場合や研究開発費の発生が一定の要件を満たした場合に一定割合の税額を控除できる制度などがあります（なお，同一制度において所得控除と税額控除を選択できる場合もあります）。具体的な制度の詳細は専門的な内容となるため，これを企業自身が厳密に知っておく必要性はそこまで高くありませんが，概要情報を顧問税理士等を通じて入手することは必要と考えられます。毎年の税制改正時期（4月）に新たに導入される制度は，時勢に応じて政策的に定められたものであることが多く，企業によってはまさに必要なサポートとなることもあり得ます。まずは制度の存在を知る手段を意識することが重要と言えるでしょう。

〈図表Ⅶ-5〉所得控除（欠損金）および税額控除

● 所得控除（欠損金）

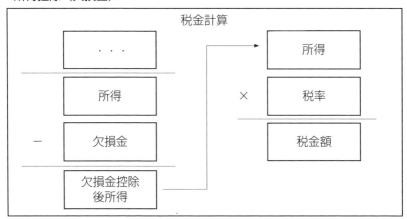

● 税額控除

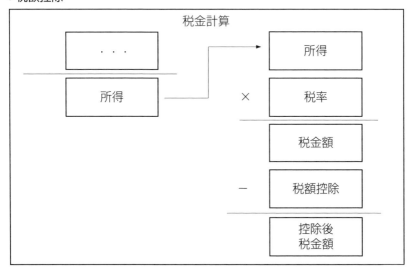

# 3. 節　税

> 【ポイント】
> ● 継続的な利益確保を前提として税負担の軽減検討
> ● "節税"には税金負担の発生時期の調整（税負担の先延ばし）に当たるケースと税額負担そのものを軽減するケースの2種類がある

　中小企業は一般に税についての関心が高く，税負担を軽減させることを非常に重視しているケースも少なくありません。確かに税金負担はわかりやすい資金流出であり，企業自身にとって直接的なメリットがないため，節税を中心とした税負担の軽減が重要視されることは至極当然のことと言えます。しかし，企業経営にとって最も重要なことは，継続的な利益の確保であり，税負担の軽減はその先にあるものであるということは頭に入れておく必要があります。なぜならば，当然のことながら企業が利益を計上しない限り税金負担は生じないためです。冷静に考えれば当たり前のことですが，実務においてこの大前提の認識が薄れてしまうケースを目にすることがあります。税負担の軽減を目的として必要性の乏しい投資を行うパターンなどはよくみかけるケースですが，事業利用における効果を厳密に検討することが重要です。

　また，税負担の軽減は"節税"と呼ばれることが多いですが，この本質的な意味を十分に理解する必要があります。税負担の軽減は，文字どおり税金額が減少するケースと，一時的に税負担を軽減する"税金負担の先延ばし"に該当するケースがあります。前者は，2で説明した税額控除のようなパターンであり，純粋にこれを適用するか否かで税負担が変わります。一方で後者は，ある時点において税負担が減少しますが，将来では税負担が増加し，通算すると負担額に変化がほとんどないパターンです。後者のケースでは，一時的に税金支出による資金負担を減少させることができるため，留保した資金を他の用途に利用できる選択肢が生じるというメリットがありますが，あくまで一時的なも

のです。よく節税目的で利用される保険契約を例にして考えてみましょう。毎期の保険料が100の保険商品で、将来解約した場合に支払額全額を返戻金として受け取れるケースを想定します（〈図表Ⅶ－6〉）。

　毎期100の保険料支払により、税負担は35だけ（税率35％と仮定）減少することになりますが、解約した際には解約返戻金に対して税金が発生することになるため、通算すると税額は保険契約がないケースと変わりません。また、注目すべきは手許資金自体が保険料支払を考慮すると保険契約がない場合と比較して減少するという点です。これは、当然のことながら、契約した商品が事業上の必要性が高いと考えられる保険であることが大前提であり、解約時までの節税（税金負担の先延ばし効果）は付随的な効果にすぎないということです。また、解約返戻金まで考慮すれば通算して税負担に変更がないという点も念頭に置く必要があります。世の中の"節税"と呼ばれる効果には、このように"税負担の先延ばし"にすぎないものも多く存在し、誤解を招いていることがあります。また税負担分について生じる一時的な資金留保効果も当該資金の運用方針が明確でなければ、そこまで大きなメリットにならないこともあります。冒頭でも述べたように、まずは事業で利益を継続的に獲得するという本来の目的を根幹に置きつつ、その上で節税効果について正確な判断を行うことが極めて重要です。

## 〈図表Ⅶ－6〉 保険契約の税金負担数値例

**【保険契約がないケース】**

|  |  | ×1期 | ×2期 | ×3期 | ×4期 | ×5期 | 合計 |
|---|---|---|---|---|---|---|---|
|  | ･･･ | ･･･ | ･･･ | ･･･ | ･･･ | ･･･ |  |
|  | 所得 | 1,000 | 1,000 | 1,000 | 1,000 | 1,000 | 5,000 |
|  | 税率 | 35% | 35% | 35% | 35% | 35% |  |
| ① | 税金 | 350 | 350 | 350 | 350 | 350 | 1,750 |
| ② | 税引後資金※ | 650 | 650 | 650 | 650 | 650 | 3,250 |

**【保険契約があるケース】**

|  |  | ×1期 | ×2期 | ×3期 | ×4期 | ×5期 | 合計 |
|---|---|---|---|---|---|---|---|
|  |  | ･･･ | ･･･ | ･･･ | ･･･ | ･･･ |  |
|  | 保険料 | ▲100 | ▲100 | ▲100 | ▲100 | ▲100 |  |
|  | 解約返戻金 |  |  |  |  | 500 |  |
|  | 所得 | 900 | 900 | 900 | 900 | 1,400 | 5,000 |
|  | 税率 | 35% | 35% | 35% | 35% | 35% |  |
| ③ | 税金 | 315 | 315 | 315 | 315 | 490 | 1,750 |
| ④ | 税引後資金※ | 585 | 585 | 585 | 585 | 910 | 3,250 |

| ③－① | 税金額の減少（増加） | 35 | 35 | 35 | 35 | ▲140 | － |

| ③－① | 税引後資金の減少（増加） | ▲65 | ▲65 | ▲65 | ▲65 | 260 | － |

手許資金額は保険料支払まで考慮すると保険契約がないケースと比較して保険解約時までは減少する

税金額自体は保険解約時まで減少するが，解約時に大きく増加し，通算では保険契約がないケースと変わらない

# 4. 消費税

> 【ポイント】
> ● 消費税は消費者が負担する税金であり，企業側の負担ではない
> ● 多くの企業にとって消費税は短期資金の確保につながっている

　最後に消費税について少し説明します。消費税は，消費者が負担する税金であり，原則として企業が負担する税金ではありませんが，その納付事務を企業が担う仕組みになっていることから資金繰り等には大きく影響することがあります。

　時折，企業において消費税の負担という言葉を耳にすることがありますが，消費税に関する企業の負担はその納付事務だけであり，むしろ資金繰りではプラスの効果を得ているケースのほうが多いと思われます。もちろん，消費税の納付時期と企業の季節的な業績変動状況次第では資金的に負担となることはあり得ますが，それほど多いケースではありません。消費税は，売上代金以上の額（消費税額）を販売先から預り，仕入等の経費は仕入代金以上の額（消費税額）を購入先に支払った上で，両者の差額を純粋な預り分として国に納付する仕組みです。そして，企業が利益を計上している以上は，通常，預りポジションとなるため，いわば短期資金を確保している状況であるとも言えます。仮に定期的な消費税納付に支障をきたすような状況が継続的に生じる場合には事業収支自体が赤字である可能性が高く，留意が必要です。

〈図表Ⅶ－7〉 消費税の仕組み

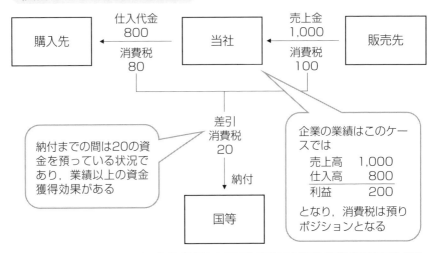

消費税の税収

　1989年に導入された消費税は年々増加の一途をたどっており，国にとって非常に重要な税収の1つとなっています。特に近年の日本経済の低迷や税率低下を受けて法人税収が伸び悩んでおり，直近2021年度予算において消費税収は法人税収の2倍強となっています。

　異なる見方をすれば，消費税は国が注視する税目の1つであり，企業にとってもその納付額計算において慎重に対応すべきものであると考えられます。

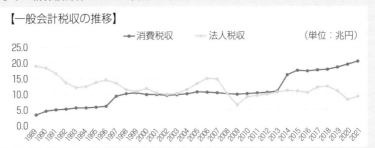

出典：財務省ホームページ「一般会計税収の推移」より抜粋
注）2019年度以前は決算額，2020年度は補正後予算額，2021年度は予算額である。

# 第VIII章　業務フロー

　本章は業務フローについて紹介します。業務フローは本書のテーマである財務管理と一線を画するものですが、その分析は様々なメリットをもたらすほか、業務効率化に関連するテーマでもあるためこれを紹介することとしています。なぜならば、財務管理の運用においては、その実施時間を確保することも重要であり、そのためには既存業務の効率化を検討する必要があるためです。また、そもそも中小企業は人的資源に一定の限界があることから、業務が属人化しやすいという特徴があり、このような特徴は、引継ぎの困難さや、属人化することによる他部門での二重業務の発生など非効率な状態を引き起こす要因にもなり得ます。さらに、中小企業では各業務システムが自動連携されずに独立して機能しているケースが多いため、二重業務に気がつきにくい場合もあります。このような中小企業の特徴を踏まえれば、業務フローに焦点を当てた検討は相応の意義があると言えるでしょう。


## 1．業務フロー

【ポイント】
• 業務フローの見える化（≒フローチャートの作成）には多くのメリットがある


　業務フローとは業務処理手続の一連の流れのことであり、文章で表現される場合のほか、フローチャートを利用して図示化されることもあります。一般的に中小企業では業務フローが書面に落とし込まれることは多くありませんが、業務の流れを見える化することには大きなメリットがあります。特にフローチャートは、視覚的にわかりやすく、組織内における説明や共有も容易であるため、その活用範囲は大きいと思われます。具体的には、フローチャートを作

成するとまず業務内容が可視化されるため，業務効率化のヒントをみつけやすいというシンプルな効果が得られます。また，直接の作業担当者以外も企業内の業務を把握することができ，各作業担当者は全体業務の中で，自身が担当している作業がどの工程にあるかを明確に把握することもできます。そうすると，作業担当者は自身が担当している業務の前工程や後工程で行われる作業を認識することができ，場合によっては業務効率化のヒントをつかむことができるかもしれません。あるいは，各作業担当者が別領域の業務に興味を持つことや作業者の変更，マルチタスク化のきっかけにもなり得ます。そのほか，比較的意識されにくい効用が不正等の防止効果です。フローチャートにより業務が見える化・共有されるということは，企業内の各メンバーがそれぞれお互いの業務プロセスを理解できるということを意味します。そのような状況下では，通常の業務プロセスを外れた作業を行うことが目立つ状況にもなり，イレギュラーな処理を抑制する効果が生じます。そしてこれは不正等の発生を少なからず抑制することにつながります。

　また，フローチャートは業務処理ミスの発生要因をみつけるきっかけになることがあります。経理数値の精度に問題がある場合や処理ミスが頻繁に生じているようなケースではフローチャートを作成することによって，その発生要因となる作業部分が特定され，これに対する対策（事後的な照合作業の追加など）を講じることも可能にします。

〈図表Ⅷ−1〉フローチャート作成の効用

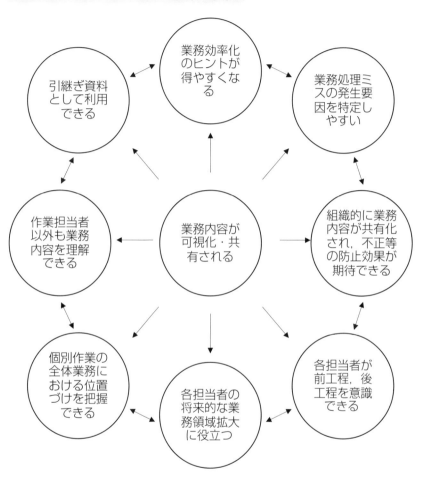

## 2．業務フローの種類

【ポイント】
- フローチャートは業務の種類ごとに行っている作業を分類して作成
- 目的を意識してフローチャートを作成

　一般的にフローチャートは業務（作業）の種類ごとに分けて作成されます。例えば，販売業務や購買業務，人事給与関連業務，経理関連業務（資金管理業務，記帳業務，決算業務等）などに分類するケースが挙げられます。ただし，これらはあくまで一般的なものであり，フローチャート作成の目的に照らして必要な切り口で作成することが重要です。仮に効率改善を目的とするのであれば，全ての業務をフローチャート化する必要はありません。あくまで目的はフローチャートを作ることではなく，その先にある効果実現です。効率化の見込が薄い業務について，図示化する意義はそれほど大きくないでしょう。ただし，別部門における二重作業を防ぐという観点からは，業務の種類ごとに行っている作業をフローチャート化しておくメリットはあります。

〈図表Ⅷ－2〉業務フローチャートの分類

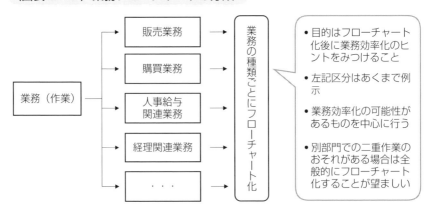

# 3．業務フローチャート

【ポイント】
- フローチャートは業務スタート時点をわかりやすくし，複雑な形にしすぎない
- フローチャート作成目的に応じて図示する内容を決定

　次に業務フローチャートのサンプルをご紹介します。業務フローチャートの作成にあたっては，業務のスタート時点をわかりやすくすることと，複雑な形にしすぎないことがポイントです。また，業務効率化のヒントを探す趣旨からすれば，人の動作部分（入力，確認，照合など）は明確にしておく必要があります。そのほか，フローチャートで使用する記号については統一的にルールを決めておくとみやすくなります。また，一般的なフローチャートでは，社内の承認行為や書類の保管なども明示することが多いですが，中小企業で活用する場合にはあくまで目的に沿って明示する内容を決めていくとよいでしょう。社内管理レベルの向上や業務処理ミスの防止，ペーパーレス等の促進を目的としてフローチャート分析を行うのであれば，これらの情報を織り込むことも有用であると考えられます。なお，サンプルでは業務効率化を主眼に置いているため，承認行為等については省略したものを紹介しています。

〈図表Ⅷ－3〉フローチャートサンプル（販売業務）

受注～出荷～売上計上（会計システムへの入力）

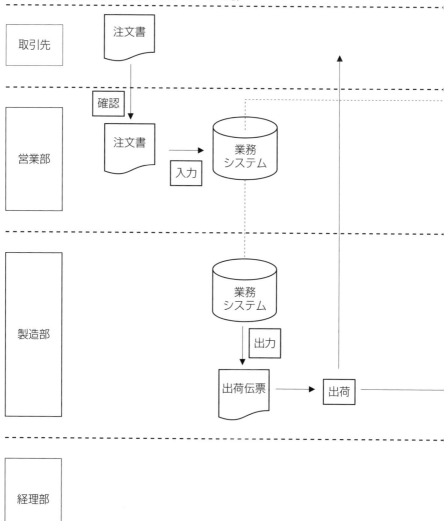

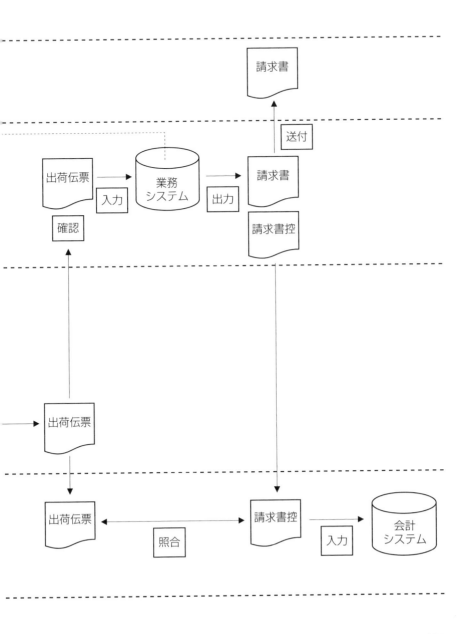

入金処理

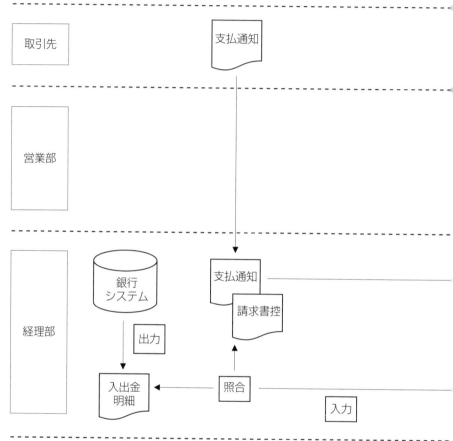

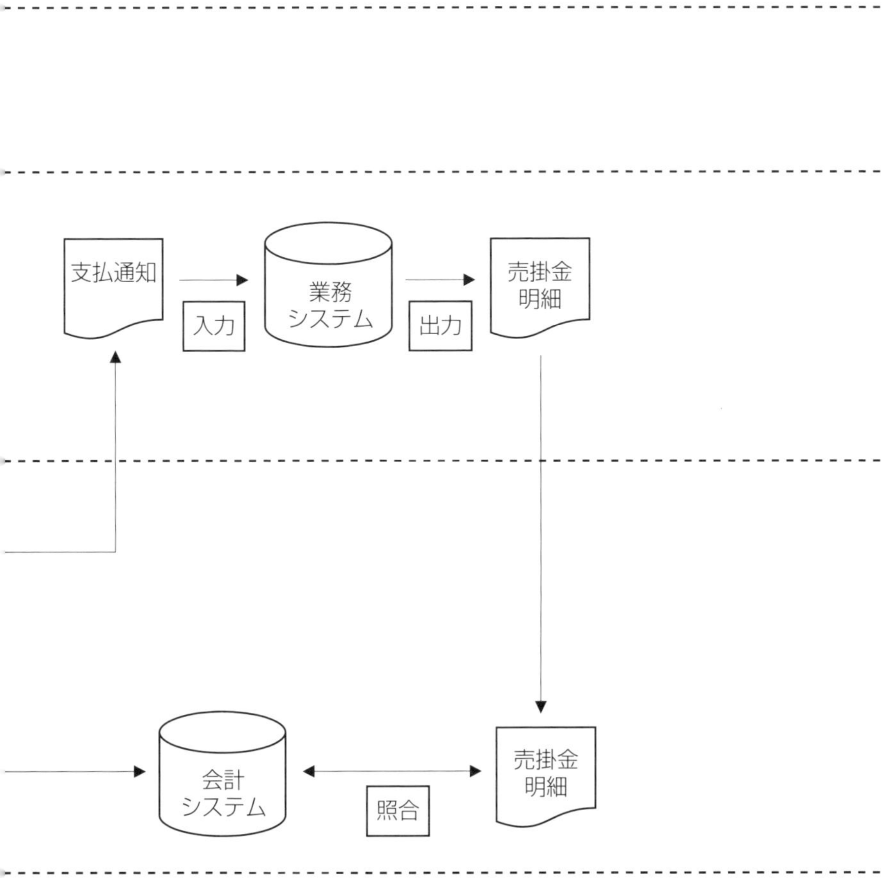
支払通知
入力
業務
システム
出力
売掛金
明細
会計
システム
照合
売掛金
明細

## 〈図表Ⅷ-4〉フローチャートサンプル（購買業務）

### 発注～仕入計上（会計システムへの入力）

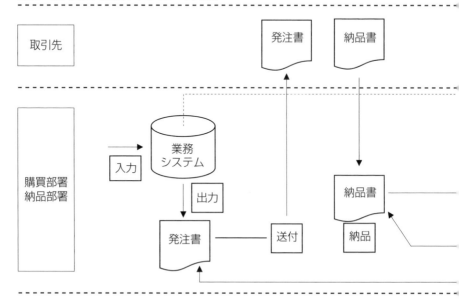

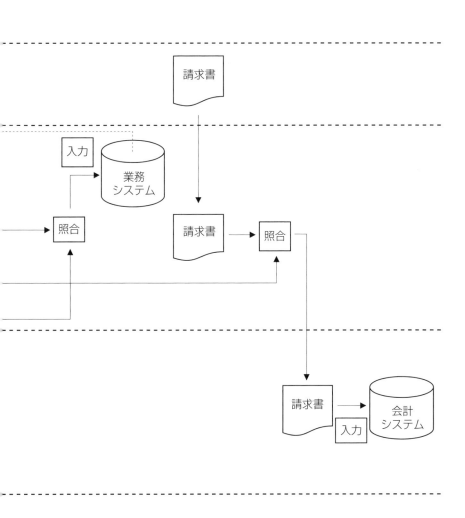

支払処理

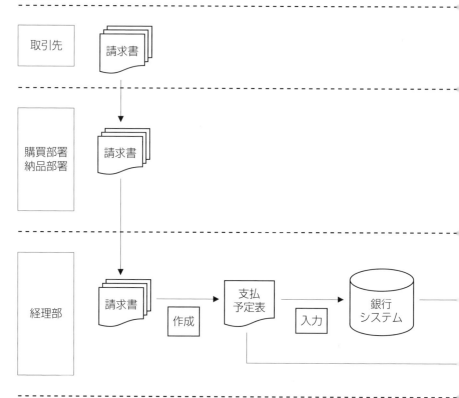

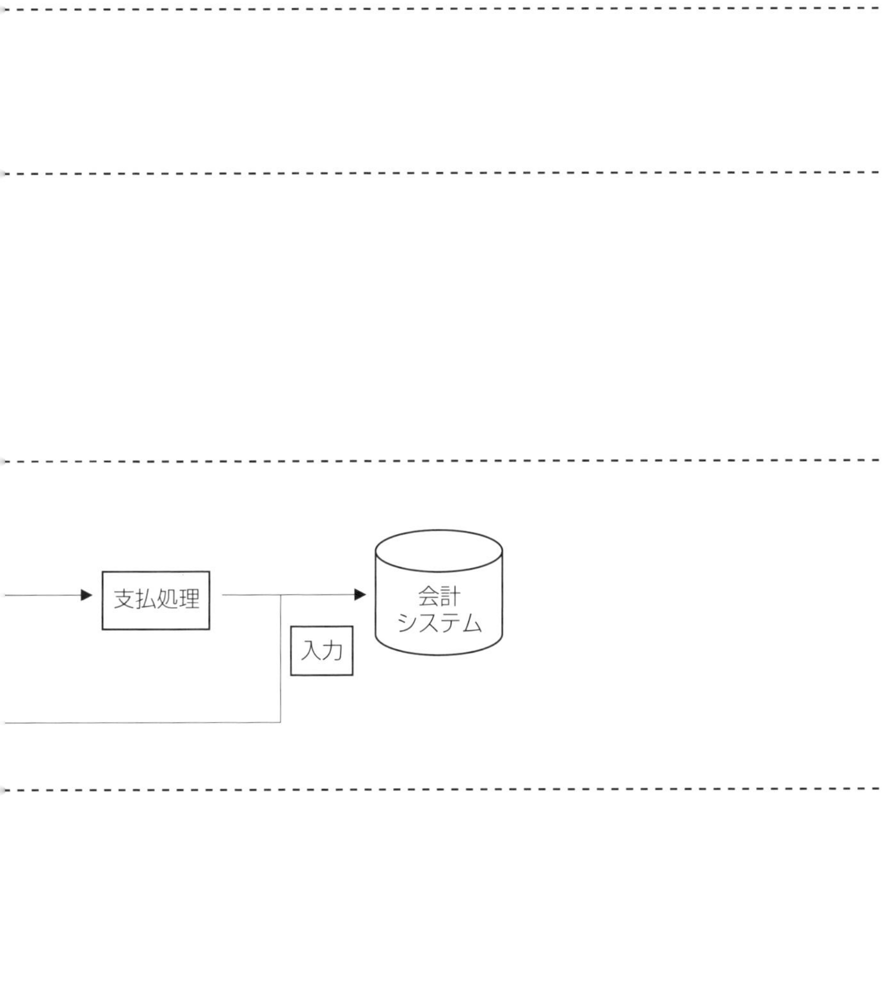
支払処理
会計
システム
入力

〈図表Ⅷ-5〉フローチャートサンプル（人事給与関連業務）

入退社情報，更新情報の処理

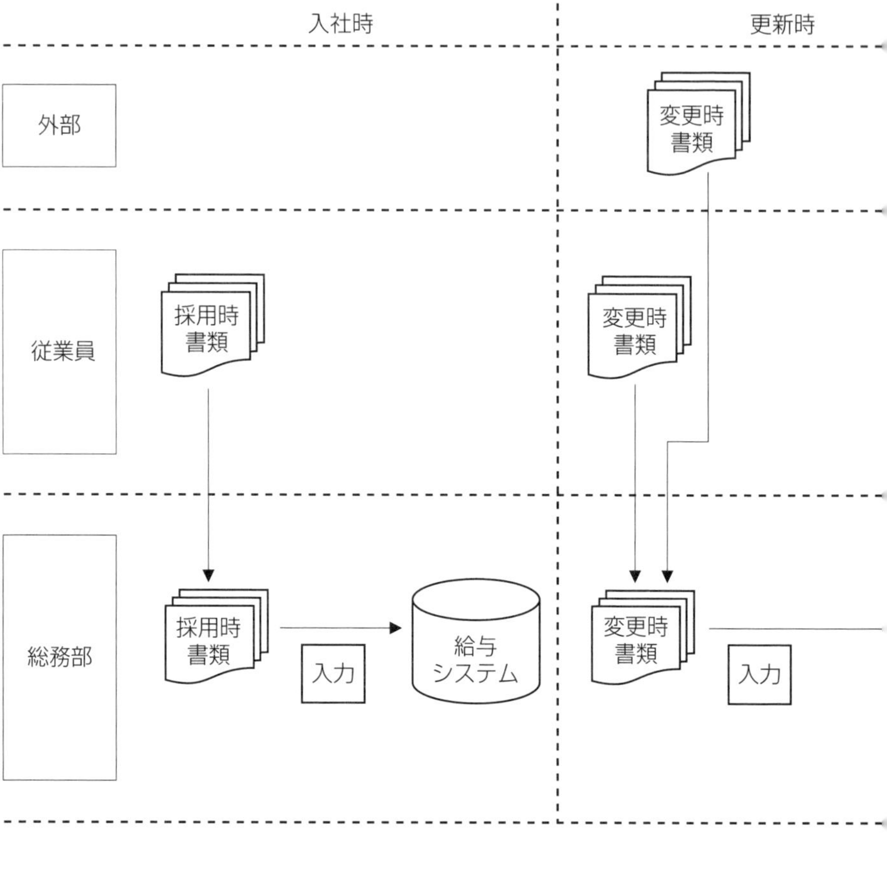

|  | 入社時 | 更新時 |
|---|---|---|
| 外部 |  | 変更時書類 |
| 従業員 | 採用時書類 | 変更時書類 |
| 総務部 | 採用時書類 入力 → 給与システム | 変更時書類 入力 |

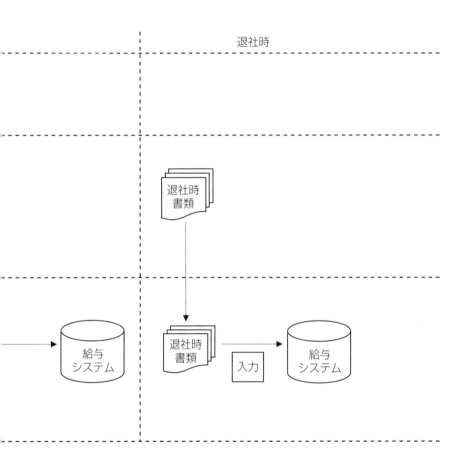

退社時

給与計算・支払

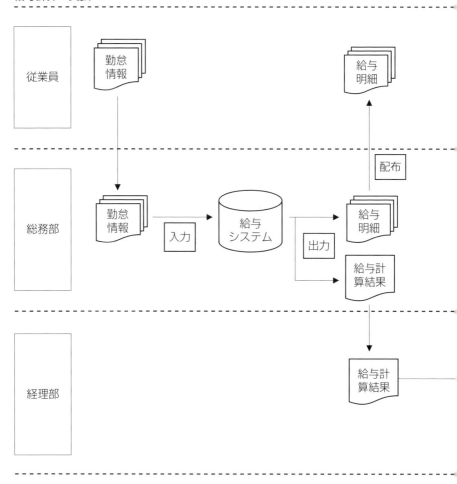

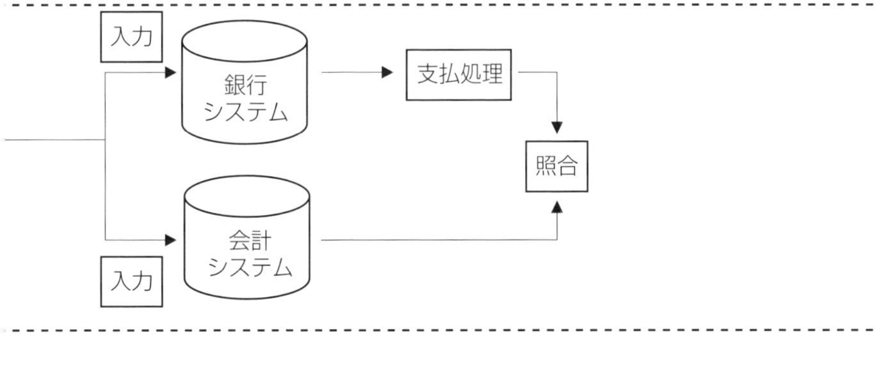
入力
銀行
システム
支払処理
照合
会計
システム
入力

〈図表Ⅷ－6〉フローチャートサンプル（経理関連業務（決算業務は除く））

その他入金処理（販売業務以外）

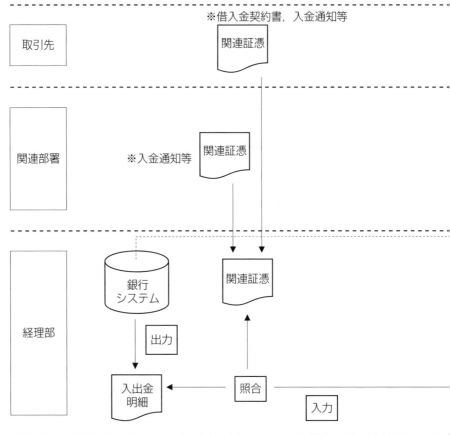

銀行
システム

照合

会計
システム

その他支払処理（購買業務，給与支払以外）

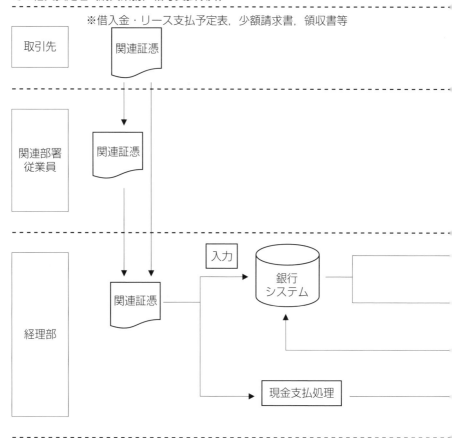

※借入金・リース支払予定表，少額請求書，領収書等

取引先

関連証憑

関連部署
従業員

関連証憑

経理部

関連証憑

入力

銀行
システム

現金支払処理

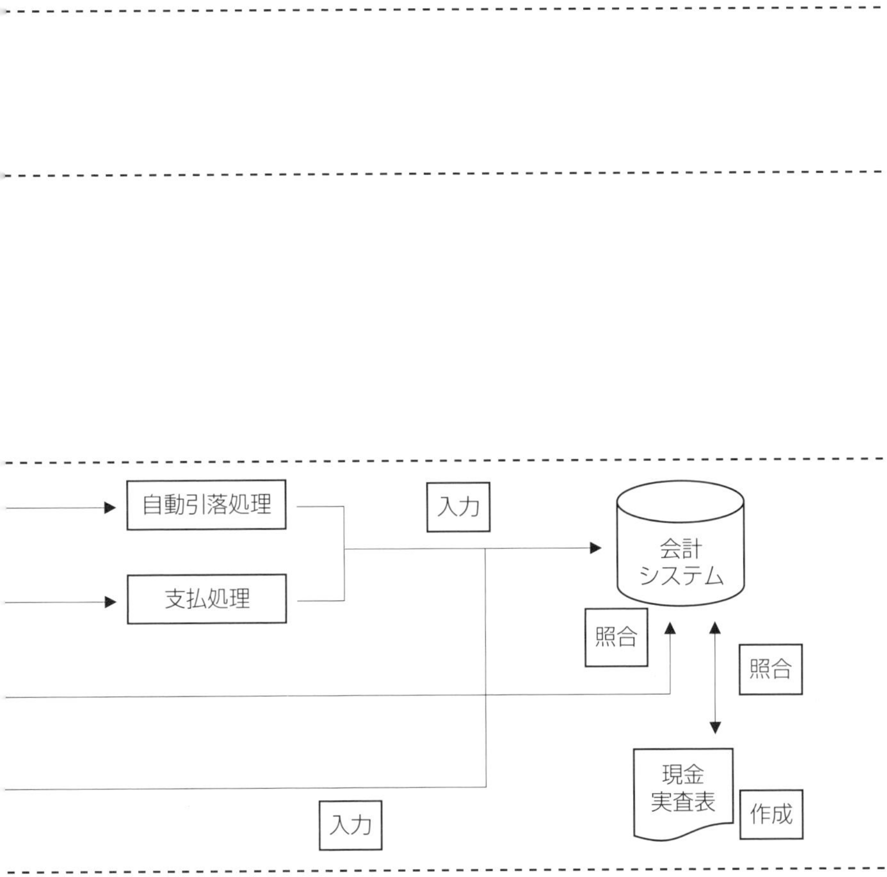

自動引落処理
支払処理
入力
会計
システム
照合
照合
現金
実査表
作成
入力

# 4．業務フローチャートの作成方法

【ポイント】
- 文字で業務の流れを記載した業務処理手順書から先に作成するとフローチャートを作成しやすい
- 必ずしも全ての業務処理パターンを図示化する必要はない

　次に業務フローチャートの作成方法について紹介します。作成方法に決まったルールはありませんが，一般的には一度文字で業務の流れを記載した業務処理手順書のようなものを作成し，そこから図を作成する方法が作りやすいと思われます。中小企業において業務処理手順書を作成するにあたっては，そもそも業務処理自体が属人的になっているケースが多いため，具体的に作業者名を明記することや，登場する関連書類名についても正確な名称を記載すると，より有用な情報となります。また，作成対象業務については，まずメインとなる業務について作成し，その後フローの形態が異なるパターンを必要に応じて追加作成していくとよいでしょう。実務的には取引先等によって異なるフローが生じることが通常であり，前述の業務区分の中でも複数パターンのフローが存在するケースは多いと思われます。ただし，繰り返しになりますが，業務フローチャートを作成すること自体が目的ではありませんので，費用対効果を勘案し，必要なものに絞って作成することが重要です。また，実務においては例外的な処理フローがあることも多く，これらを全て図示化することも現実的ではありません。取引量が少ない業務フローはそれだけ事務負担に与える影響も少ないと想定され，分析するメリットは薄いケースが多いと思われます。一方で，例外的な処理フローというものは，その多寡にかかわらず無駄な事務負担を生じさせている可能性も否めないため，そもそも実務側で当該フローの必要性について再検討する視点は必要です。このような場合はフローチャートを作成するというよりは，そもそも当該フローが生じている経緯を確認し，可能であれば通常の業務フローに実態を合わせていくことが望まれます。

## 〈図表Ⅷ-7〉業務処理手順の文書化例

| 作業区分 | 担当部門 | 業務処理の流れ | 関連する証憑名 |
|---|---|---|---|
| 受注 | 営業部 | 取引先より●●(メール,郵送等)によって●●(営業担当者等)が注文書を受け取る。 | 注文書 |
| | 営業部 | ●●(営業担当者等)は受け取った注文書を確認し,注文書を●●(事務担当者)に渡す。 | 注文書 |
| | 営業部 | ●●(事務担当者)は,●●(業務システム)に注文書情報を入力する。 | 注文書 |
| 出荷 | 製造部 | ●●(担当者)は,●●(業務システム)から,●●(日次等の頻度)ごとに,受注情報に基づく出荷伝票を出力し、●●(出荷担当者等)へ渡して出荷指示を行う。 | 出荷伝票 |
| | ・・・ | ・・・ | ・・・ |
| | ・・・ | ・・・ | ・・・ |
| ・・・ | ・・・ | ・・・ | ・・・ |
| | ・・・ | ・・・ | ・・・ |
| | ・・・ | ・・・ | ・・・ |
| | ・・・ | ・・・ | ・・・ |

→ フローチャート作成の目的に応じて必要な部分を図示化

## 〈図表Ⅷ-8〉業務フローチャート作成の判断基準

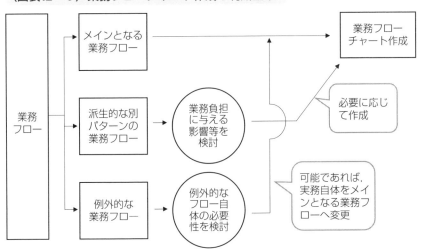

# 5．決算業務

【ポイント】
- 決算業務フローはフローチャートよりも作業項目を明示したスケジュール表（ガントチャート）が有用

　次に決算業務のフロー分析について説明します。決算業務は大きな枠組みでは経理関連業務に含まれますが，通常のルーティン業務とは種類が異なるため，別のアプローチを紹介します。決算業務には月次および年度末の2種類が存在しますが，どちらも分析アプローチは同様です。本書において業務フローを紹介している意義は，他章で紹介した財務管理を行うための時間確保を目的として業務効率化を図ることにあり，とりわけ経理部門においてそのニーズは高くなると考えられます。また，各種財務管理数値は，決算作業が終わらなければその利用が困難であり，一定のスピード感も求められます。決算作業の早期化という観点からも当該作業の分析は重要と言えるでしょう。

　さて，分析手法についてですが，決算業務は細かい作業の積み上げで行われるものであり，大まかな業務フローチャートのみで効率化のヒントを得ることは難しいケースが多いと考えられます。どちらかと言えば作業項目ごとに作成した決算スケジュール表（ガントチャート）を用いて整理する方法が有効です。また，前述のとおり決算作業の早期化という視点に立てば，作業のボトルネックとなっている項目を把握する目的からも決算スケジュール表の作成が適しています。

**〈図表Ⅷ－9〉決算作業のスケジュール表（ガントチャート）**

| 項目 | 担当者 | 1日 | 2日 | … | … | | … | … | … | … |
|---|---|---|---|---|---|---|---|---|---|---|
| 売掛金の確定 | ×× | | | | | | | | | |
| 買掛金の確定 | ×× | | | | | | | | | |
| その他債務の確定 | ×× | | | | | | | | | |
| 在庫実地棚卸 | ×× | | | | | | | | | |
| 在庫金額確定 | ×× | | | | | | | | | |
| 減価償却計算 | ×× | | | | | | | | | |
| その他資産（××）の確定 | ×× | | | | | | | | | |
| その他資産（××）の確定 | ×× | | | | ～ | | | | | ～ |
| ・・・ | ×× | | | | | | | | | |
| ・・・ | ×× | | | | | | | | | |
| 勘定内訳書（××）の作成 | ×× | | | | | | | | | |
| 勘定内訳書（××）の作成 | ×× | | | | | | | | | |
| ・・・ | ×× | | | | | | | | | |
| 消費税計算 | ×× | | | | | | | | | |
| 法人税計算 | ×× | | | | | | | | | |
| ・・・ | ×× | | | | | | | | | |

　そのほか，決算作業の多くはBSの各科目残高を正確な数値であるかどうか確認する，ないし正確な数値となるように必要な経理処理を追加で行う作業が中心であるため，BS科目ごとに作業内容を整理することも必要です。〈図表Ⅷ－9〉で示した決算スケジュール表の各項目について，詳細な作業内容を書き出していくイメージです（〈図表Ⅷ－10〉）。

**〈図表Ⅷ－10〉勘定科目別決算作業例**

| 項目 | 担当者 | 作業内容例 |
|---|---|---|
| 現金 | ×× | 期末日の現金実査結果と帳簿残高の照合 |
| 預金 | ×× | 残高証明書と帳簿残高の照合，通帳残高との照合 |
| 受取手形 | ×× | 手形現物との照合，手形台帳との照合 |
| 売掛金 | ×× | ×× |
| 前払金 | ×× | ×× |
| 前払費用 | ×× | ×× |
| 仮払金 | ×× | ×× |
| 建物 | ×× | ×× |
| ・・・ | ×× | ×× |
| | ×× | ×× |

# 6. 業務フローチャート分析

【ポイント】
- 効率化のヒントは同種作業を複数回行っている部分から探す
- 効率化検討以前に当該作業がそもそも必要かどうかという視点も重要
- 業務フローチャートの作成は効率改善を促すきっかけになり得る

　最後に作成した業務フローチャートに基づき，業務効率化の余地がある部分を探していく作業について説明します。具体的には"人"が行う作業について軽減余地を確認していきます。〈図表Ⅷ－3〉から〈図表Ⅷ－6〉で示したサンプルで言えば，当該フローチャート上では様々な作業（入力，出力，照合，確認，送付等）が示されていますが，これらの中から効率化できる可能性がある部分を探すということです。まず，これらの作業の中で，業務負担が大きいものから検討していくとよいでしょう。また，そもそも本当に必要な作業であるかどうかという視点も重要です。

　次に具体的な作業軽減策の検討方法ですが，基本的には同種作業を複数回行っているようなケースは検討余地があります。例えば，〈図表Ⅷ－3〉の販売業務の一部分を抜粋してみると，作業部分は〈図表Ⅷ－11〉のようになっていますが，よくみると，出荷情報（およびそれと整合する請求情報）については業務システムと会計システムにそれぞれ別の部署で入力作業をしているため，全社的にみれば同種情報の入力作業を2回行っていることがわかります。よって，これを1回の入力作業とする，いずれかの入力内容を簡素化する，"人"の作業を軽減する（自動化ツールを利用する（第Ⅸ章参照））といった対応策を検討することが考えられます。最もわかりやすい解決策は，入力箇所を1カ所にしてしまうことで入力回数を1回にする，つまり業務システムと会計システムが一体となった新たなシステムを導入することですが，これは大きなコストがかかりますので容易にとれる選択肢ではないことが一般的です（〈図表Ⅷ－12〉）。しかし，そのような選択肢以外でも，そもそも2カ所で似たような

情報を二重に持っている状況にありますので，どちらか一方の情報を簡略化する考え方もあります。会計システムへの入力については日々の取引を全て業務システムと同様に入力するのではなく，月間合計単位で入力するようなケースです（〈図表Ⅷ－13〉）。また，第Ⅸ章で紹介するような自動化ツールを活用して入力作業自体を"人"がやらない，もしくは"人"の作業部分を大きく軽減するようなことも方策としては考えられます（〈図表Ⅷ－14〉）。

なお，ここまでみていくと至極当たり前のような内容に思えるかもしれませんが，実務においては非効率な作業が継続的に行われ続けることがよくあります。実際のところ，現場従業員は非効率作業の存在に気がついているケースも多いものの，これを改善するきっかけがないということも原因の1つです。業務フローチャートの作成は，改善のきっかけになり得ますし，図示化することによって多くの従業員に非効率作業の存在が明らかになることも，業務フロー改善の促進につながると考えられます。

### コラム⑦　上場企業における業務フローチャートの活用

　上場企業では，社内の主要な業務プロセスについて財務報告に関する統制が適切に設計・運用されているかどうかを自社でチェックする仕組みを構築することが求められており，その検証結果について投資家に報告することが必要とされています。この制度は内部統制報告制度（通称J-SOX）と呼ばれ，その報告内容は外部の公認会計士等による監査も受けることとなっています。この中で，企業は主要な業務プロセスを業務フローチャートとして見える化した上で，当該業務プロセスにおいて数値情報が正しく報告されるような仕組みが担保されていることを自ら検証する実務を行っています。当該制度の中でも，業務フローチャートの作成自体は主目的となっていませんが，各業務プロセスを全社的に理解・共有し，検証していくためにフローチャートの作成を行うことが一般的になっており，外部の公認会計士等に対して自社業務プロセスを説明する観点からも有効な資料となっています。フローチャートのような図示化された資料は，社内外を問わず業務プロセスに関して関係者の理解を促進する上では非常にわかりやすいものであり，様々な活用局面があると言えるでしょう。

〈図表Ⅷ−11〉販売業務のフローチャートサンプル（抜粋）

受注～出荷～売上計上（会計システムへの入力）の抜粋

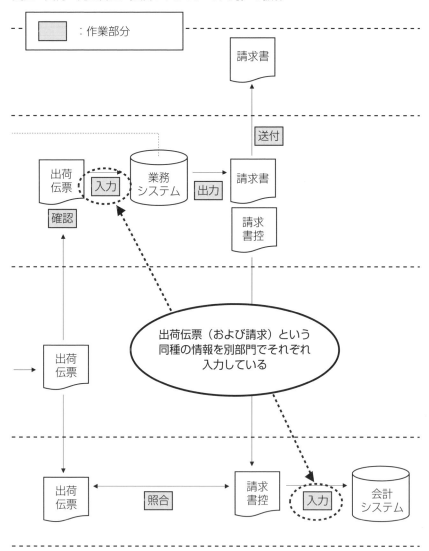

〈図表Ⅷ−12〉販売業務のフローチャートサンプル（抜粋）

● 業務システムと販売システムの自動連携

受注〜出荷〜売上計上（会計システムへの入力）の抜粋

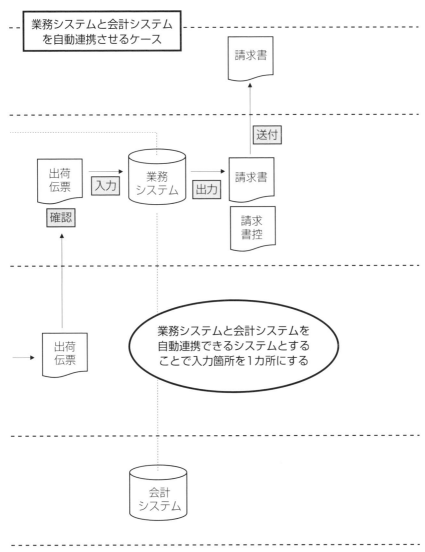

〈図表Ⅷ-13〉販売業務のフローチャートサンプル（抜粋）

● 会計システム入力の簡素化

受注～出荷～売上計上（会計システムへの入力）の抜粋

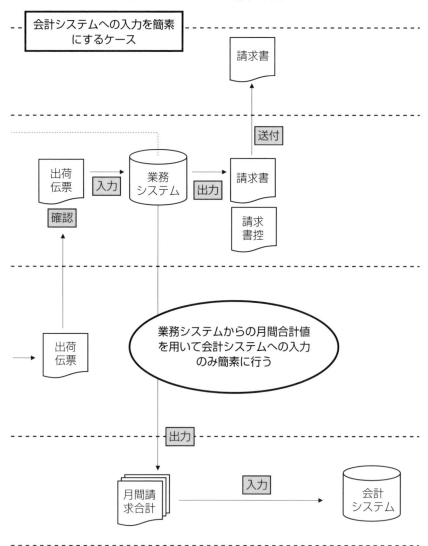

〈図表Ⅷ-14〉販売業務のフローチャートサンプル（抜粋）

● 自動化ツールの活用

受注〜出荷〜売上計上（会計システムへの入力）の抜粋

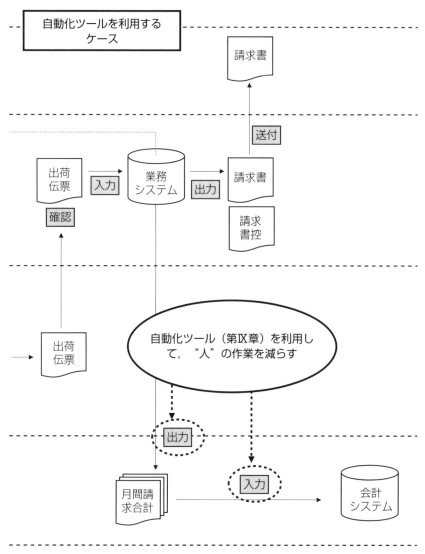

# 第IX章　自動化ツールの活用

　これまで様々な財務管理のテーマについて説明してきましたが，全てに共通することは導入にあたり手間と時間がかかるという点です。とりわけ財務管理は数値を取り扱う管理部門が果たす役割が大きいため，いかにして当該部門メンバーの時間を確保するかという点が重要になります。究極的にはこの問題をクリアできなければ，財務管理の導入を進めることは難しいと言わざるを得ません。そこで，本章では管理部門の業務効率化による時間確保においてカギとなる自動化ツールの活用について紹介します。


## 1．表計算ソフト

【ポイント】
- 中小企業において表計算ソフトの活用幅は非常に広い
- 表計算ソフトは，その機能を十二分に使いこなせているかどうかが重要


　まず初めに選択肢となるのは表計算ソフトの活用です。表計算ソフトはほとんどのパソコンに標準装備されており，活用にあたり追加コストが発生することはほとんどないと思われますが，その活用幅は非常に広く，特に中小企業における活用効果は大きいと言えます。もっとも，すでに多くの中小企業において表計算ソフトの活用は当然のように行われており，今さら選択肢として検討するという考え方には違和感があるかもしれませんが，単純に利用していることとその機能を十二分に使いこなしていることでは大きな違いがあります。財務管理資料の作成においても，中小企業では表計算ソフトの特定の機能を知らないがために膨大な時間を要している状況に出くわすことがあります。表計算ソフトの機能や活用方法については優れた書籍が多数存在し，またインターネッ

トを利用して多くの情報を入手することも可能です。もし万が一，表計算ソフトを利用した資料作成作業にかなりの工数が発生する場合には，機能活用の十分性を検討することが必要と考えられます。具体的には社内で詳細な知識を持った人員の探索や教育，顧問税理士等への相談を検討するとよいでしょう。表計算ソフトを十二分に使いこなせていない企業にとっては，実は最も費用対効果の高い投資かもしれません。特に本書で紹介している財務管理を実行するにあたっては，表計算ソフトを多用するケースが圧倒的に多いと思われます。

**〈図表Ⅸ－1〉中小企業財務管理における表計算ソフトの活用領域**

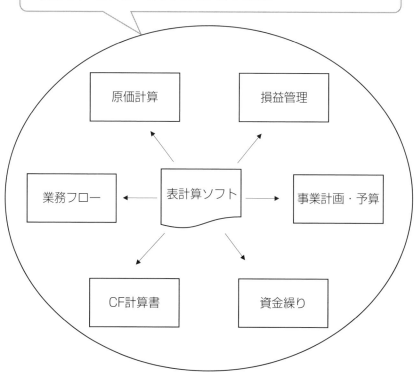

# ２．AI利用のクラウド型会計ソフト

【ポイント】
- クラウド型会計ソフトの導入コストは中小企業でも許容し得る水準
- 効率化ツールの１つとして選択肢に入れることが重要

　近年，中小企業の管理部門において急速にその存在感を高めているものが，AI（人工知能）を利用したクラウド型会計ソフトです。管理部門，特に経理部門における主要業務の１つは取引の記録業務（帳簿作成業務）ですが，従来中小企業では，当該業務について根拠資料を基に経理部担当者が会計ソフトに手入力を行う，あるいは顧問税理士に外注するという方法で行うことが一般的でした。しかし，この10年程度で普及が進んでいるクラウド型会計ソフトは当該業務を大幅に効率化することを可能にします。また，当該会計ソフトは導入にあたり生じるコストが中小企業でも十分に許容し得る水準で提供されている点は特筆すべき特徴です。

　クラウド型会計ソフトは，銀行口座を利用した取引について，会計ソフトと銀行側の取引情報を自動連携し，当該連携情報をもとにAIが適切な帳簿記録に変換した上で会計ソフトに取り込む作業を行います。結果として，経理担当者は会計ソフトに数値を手入力する作業が不要となります。国内におけるほぼ全ての金融機関との連携が可能であり，筆者の体感ではAIによる帳簿記録変換における学習効果も十分実用に耐え得るレベルとなっています。銀行との自動連携データをもとに帳簿記録を行うため，預金取引について金額が不正確となるようなミスも通常起こり得ず，記録の正確性という観点からも非常に有用です。業務効率化の効果もみえやすいため，導入していない中小企業は検討だけでも進めてみることをお勧めします。

　また，クラウド型サービスは会計ソフト（記帳業務等）にとどまらず，給与計算や経費精算など，様々な周辺業務に関するものも数多く提供されており，

これらも中小企業において活用余地が十分にあるものです。必ず導入すべきとは言い切れませんが，選択肢として知っておくべきツールであると考えられます。

〈図表Ⅸ-2〉クラウド型会計ソフトの仕組み

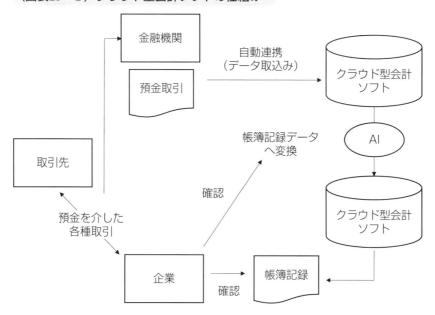

　また，クラウド型会計ソフトは，外部関係者との情報共有が容易であるという利点もあります。ここでいう外部関係者とは多くの場合，顧問となる会計事務所です。企業が自社で記帳を行っている場合に会計事務所は別の場所から当該情報をクラウドを通してリアルタイムで確認することができます。あるいは，企業が会計事務所に記帳を依頼している場合も，企業は当該情報をリアルタイムで確認することができます。双方で記帳の役割分担をしている場合には，さらにこの情報共有の仕組みが有用です。例えば，日常取引については企業が記帳を行い，決算時に必要な記帳のみを会計事務所が行うケースなどがよくありますが，クラウド型ではない会計ソフトを利用している場合，企業は会計事務

所の記帳が完了し，帳簿の受け渡しを受けるまでは未確定の過去情報に基づき次の記帳業務を進めることになります。単純なことではありますが，実務における利便性は非常に高く感じられるでしょう。

〈図表Ⅸ－3〉クラウド型会計ソフトの情報共有機能

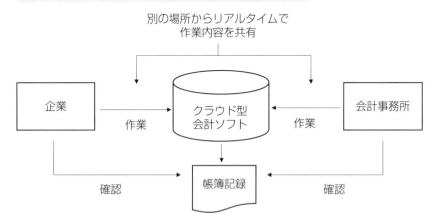

〈図表Ⅸ－4〉従来型会計ソフトにおける情報共有

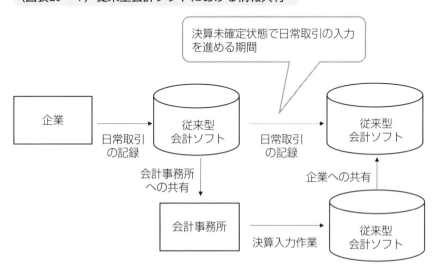

# 3. RPA

【ポイント】
- 現時点において中小企業における導入ハードルは高いが，将来性を考慮すると触れておく意義がある
- 活用による効果予測が困難な場合は導入コストとのバランスに留意

　RPAとは，Robotic Process Automationの略称で，ソフトウェアロボットにより業務の自動化を可能とする仕組みのことを言います。RPAはこの5年程度の間で急速に注目を集めている自動化ツールの1つです。ただし，その導入コストや利用スキルの観点から現時点ではまだまだ中小企業における導入ハードルは高い状況と言えます。しかし，この分野は今後さらなる成長や，導入コストの低下が進む可能性があり，たとえ中小企業であっても無視できるものではないと考えられます。また，現時点においても，中小企業にとって十分に検討余地があるコスト感のRPAも存在し，プログラミング等の知識も不要です。現時点ではまだまだ発展余地の高い分野であり，大幅な業務効率化の手段とすることは難しいですが，将来を見据えて触れておく意義は十分にあると考えられます。

　RPAを利用するための具体的な作業は，PCにおける特定の動作を組み込ませたソフトウェアロボットを作成することです。そして，このソフトウェアロボットの作成はそこまでハードルの高い作業ではありません。近年提供されているRPAソフトは，視覚的・直感的にロボットを作成できるものが多く，プログラミングの知識も必要としないものが中心です（製品によってはやや必要とするものも存在します）。この作成作業のハードルの低さが近年導入が進んでいる理由の1つであると思われます（筆者自身もRPAを実際に業務利用していますが，プログラミング等の知識は全く持ち合わせていません）。また，作成したロボットは，その動作に関連する環境の変化に応じて定期的なメンテ

ナンス作業が発生することがあるため，運用にあたってはあらかじめ当該作業を念頭に置いておくことは必要です。

　そのほか，RPA導入実務において大きな課題となり得るのが，ロボット化する業務の選定です。ロボット自体を作成することはできても，そもそも"ロボットにどのような作業を実行させるか"という作業選定に一番の難しさがあります。RPAは定型的な単純作業を継続的に実施する業務への適用に適しており，例えば，毎週同じ場所から同じデータを取り出し，同じ形式の表計算ソフトで作成した資料にデータを貼り付ける作業や，同じメンバーにEmailで情報を定期的に発信する作業などが該当します。また，インターネット上のWebサイトから定期的に同種の情報を取り出すような作業にも非常に向いています。

〈図表IX－5〉RPA化業務の流れ

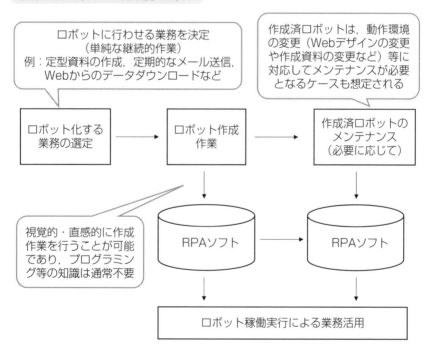

大企業であればこのような業務は比較的多く存在するためRPA導入にあたってその費用対効果を事前に検討することも可能です。しかし，中小企業ではそこまで単純作業が多く存在せず，コストをかけてまでRPAを導入する意義を見出すことが難しいケースが想定されます。この問題への現実的な対処方法の1つは，できるだけ低価格のRPAソフトを導入し，その利用の中で活用意義を判断していくことであると思われます。実際に利用し始めると，RPAに適した業務を徐々に理解し，企業それぞれにおける活用余地や意義を判断することが可能となってきます。

　なお，上記を踏まえてRPA対象業務の選定におけるポイントをいくつかご紹介します。まず，1つ目のポイントは，すでに実施している業務だけではなく，現在実施していない業務を対象に含めることです。これは，業務効率化と矛盾するように聞こえるかもしれませんが，例えば本書で紹介しているような財務管理を新たに導入するケースを想定しています。つまり，「現在実施できていない業務で，RPAで補助が可能であれば実施してみたい業務」からも対象業務を選定するということです。2つ目のポイントは，既存業務，新規業務にかかわらず，最初から壮大で複雑な業務を対象に選定しないということです。ロボットの作成は技術的ハードルが高くないとはいえ，慣れるまではそれなりに時間を要し，作成したロボットが思ったとおりに動作しないケースも生じます。したがって，まずは簡単な単純動作を自動化するロボットを作成し，成功体験を積み重ねることを優先するとよいでしょう。3つ目のポイントは，1つの業務を細分化して，単純業務部分をあぶり出すということです。どのような業務であっても細分化していくと，継続的な単純作業が含まれていることがあり，当該部分を取り出すことでRPA対象業務をみつけることができる可能性が高まります。

　また，実際にロボット化作業に着手した段階の留意点としては，本当にRPAで行うことが業務効率化につながるかどうかについて再検討することが挙げられます。まず，そもそも1で紹介した表計算ソフトで実行できる作業内容をロボットにやらせる意義はほとんどありません。なぜならば，表計算ソフ

トを活用するほうが圧倒的に楽なことが多いためです。この点は表計算ソフトの機能を十分に活用できていない場合などに陥りやすい罠の1つです。また，表計算ソフトで代替できない作業であっても，そもそものロボット作成時間や，事後的なメンテナンス作業，ロボットの動作不具合発生の可能性などを考慮すると「人がやったほうが早い」と感じさせるロボットができてしまうこともあります。一方で，ロボット化する業務は単純で継続的な業務であることから，多くの従業員にとってモチベーションを高く持てる作業ではないことが通常です。筆者自身が体感したことでもありますが，このような業務をRPA化することによる心理的な負担軽減効果というものは相応にあるものです。結果として，ほかの業務効率改善につながることもあります。あくまで業務効率化による時間の確保が本来の最終目的であるため，このあたりのバランスをロボット作成着手時に見極めることも重要なポイントであると言えるでしょう。

〈図表Ⅸ－6〉RPA化業務選定のポイント

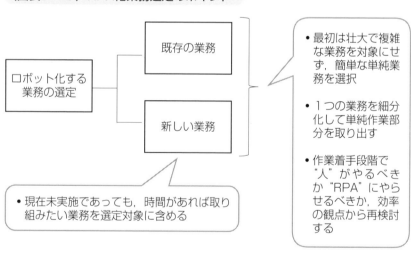

# ４．自動化ツールの活用

【ポイント】
- 多くの自動化ツールを業務実行手段の選択肢として持つことが重要
- 各ツールに関する知識・スキルよりも活用方法に関する発想力，アイデア力が重要

　ここまで３つの自動化ツールの紹介をしてきましたが，活用の意義について改めてここで説明します。これらのツールはそれぞれ単独で活用の意義があることは１から３で説明したとおりですが，これらを組み合わせて活用することによってその幅がさらに広がります。例えば，表計算ソフトは，そのソフト内で様々な計算作業を自動化することができますが，作成したファイルを別の人に共有する作業までは自動化できません。ところが，RPAを組み合わせることにより，計算作業の自動化に加えて，当該情報の共有まで自動化することができます。また，クラウド型会計ソフトをさらに組み合わせると，定期的にRPAでクラウド型会計ソフトから財務数値情報を取り出し，このデータをRPAで表計算ソフトに取り込み，さらに表計算ソフトで作成した当該資料を別の人に共有する作業まで自動化することも可能となります。このように自動化ツールはそれぞれを組み合わせることにより，さらに高度な次元で業務効率化を図ることができます。これらのツールは日々進化し続けており，今後もさらに新しいサービスが世の中に登場することも十分に考えられますが，現時点で大切なことは，全てのツールを完璧に使いこなすことというよりは，少しでもこれらに早くから接点を持ち，業務実行手段における選択肢の１つとして認識しておくことであると考えられます。また，これら自動化ツールの活用は，ツールそれぞれに関する技術的な知識というよりも，様々な業務においてその活用方法を探し出す発想力やアイデア，イメージ力が重要であり，中小企業では経営者自らも積極的に関与するとよいでしょう。また，第Ⅷ章で紹介した業務フローの分析も自動化ツールの活用方法を探索する有効な手段の１つです。

〈図表Ⅸ-7〉自動化ツールの連携例

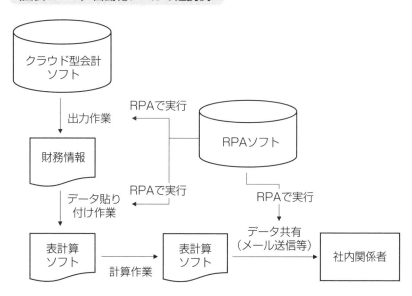

〈図表Ⅸ-8〉業務実行ツールの選択

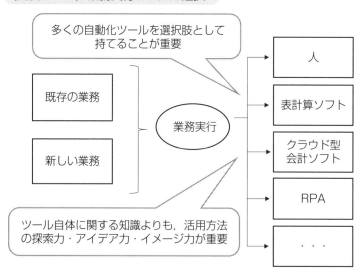

## コラム⑧  クラウド型会計ソフトの市場動向

　2017年に上場を果たした株式会社マネーフォワード，2019年に上場したフリー株式会社はいずれもクラウド型会計ソフトを手掛ける新興企業であり，近年大きな注目を集めています。2社ともに上場来売上高を急拡大しているものの年度決算ベースではいずれも大きな赤字が続いています。しかし，株価は赤字下においても上昇傾向にあり，言い換えれば今後の市場拡大が見込まれている成長途上の分野であるとも言えます。中小・中堅企業を中心にクラウド型会計ソフトは今後さらに導入が進むことが見込まれるでしょう。

【業績推移】（株式会社マネーフォワード）

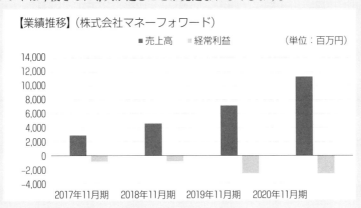

出典：有価証券報告書より抜粋作成（業績は連結ベース）

【業績推移】（フリー株式会社）

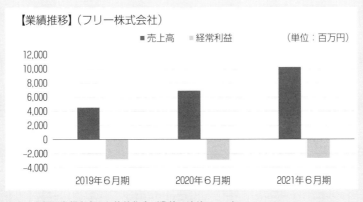

出典：有価証券報告書より抜粋作成（業績は連結ベース）

## 第X章　財務管理の活用

最終章は，総まとめとして財務管理の活用について触れておきます。

## 1．総合的な財務管理

> 【ポイント】
> ● 財務管理の入門段階では，浅くても広い範囲の知識とテーマの存在を知ることが重要

　財務管理の活用とは，企業の業績を財務面からコントロールすることを意味しますが，具体的には財務状況の実態把握を適時に行い，必要な改善策を取れるように組織を動かす仕組みを構築することであるとも言えます。この観点からは，必要となる管理テーマは網羅的に理解しておく必要があります。

　前章までに本書で説明したテーマは基本となる財務諸表（PL，BS）に始まり，原価計算，損益管理，事業計画，資金繰り，CF計算書，税金計算，業務フロー，自動化ツールですが，これらは全て密接に関連しています。損益管理を行うためにはPLの理解が必要ですし，原価計算を行うことができなければ，管理の幅も小さくなります。また事業計画や予算はベースとなる損益管理や原価計算の管理レベルに大きく影響を受けます。そして事業計画や予算は将来予測情報でもあるため，資金面からの予測情報である資金繰り表やCF計算書にも関連し，資金関連資料はBSの理解が深く影響してきます。事業計画や資金繰り表等においては最低限税金計算の仕組みに対する理解も必要でしょう。また，これらの財務管理業務の実行性を担保するためには，業務フローを理解しつつ，自動化ツールを利用した時間の確保を意識しなければいけないというわけです。本書は，それぞれのテーマについて深掘した内容にはなっていませんが，おお

よそ中小企業において理解が必要となる項目には網羅的に触れています。とりわけ財務管理の入門段階では，浅くても広い範囲の知識とテーマの存在を知っておくことは極めて有意義だと思われます。このような総合的な視点で財務管理を実施することにより，第Ⅰ章で紹介したようなシンプルな財務分析から行う判断にも広い視野が生まれ，その分析からの対策行動も明確に整理しやすくなります。

〈図表Ⅹ－1〉財務管理テーマの関連図

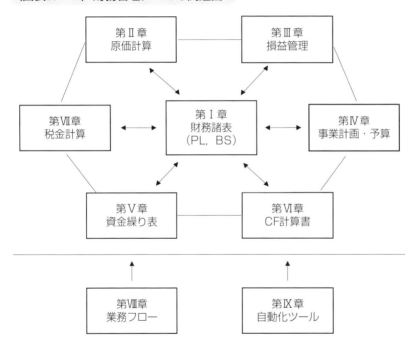

〈図表Ⅹ－2〉財務分析からの思考プロセス例

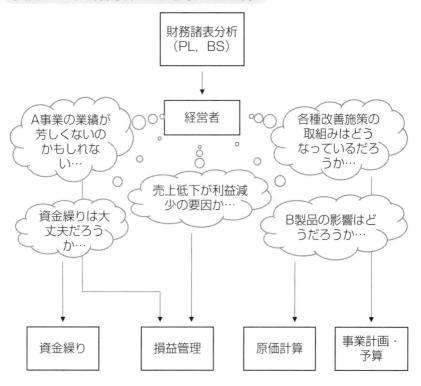

## 2．財務管理の活用

<table>
<tr><td>

【ポイント】
● 財務管理は組織全体を動かす管理ツールとしての可能性を持つ
● 組織管理活用にあたっては総合的な視点が重要

</td></tr>
</table>

　財務に限りませんが，そもそも企業が「管理」を必要とするのは，経営者自身が自分の目で全ての状況を把握しきることができないためです。そして，「管理」とは，少し異なる表現をすれば，経営者自身がそこにいなくても，組織が経営者と同じ判断をして動く仕組みを作ることであるとも言えます。これは近年中小企業にとって大きな課題となっている事業承継の局面においても必要となる要素です。事業承継とは，親族，従業員，あるいは完全な第三者も含めて，現在の経営者から別の経営者に事業を引き継ぐことです。そこで，多くの経営者が望むのは，やはり自分自身がいなくなっても同じ意思や事業方針に乗っ取り事業が継続していくことでしょう。このためには，「管理」という枠組みを使って，経営者の事業方針や考え方を仕組みとして組織に根づかせることも必要な準備の1つであると思われます。財務管理は組織全体を動かす管理ツールとしての可能性を持ったものでもあり，そのためには1で述べたような総合的な視点で財務管理を捉えることは必須であるともいえるでしょう。

〈図表Ⅹ－3〉財務管理の活用イメージ

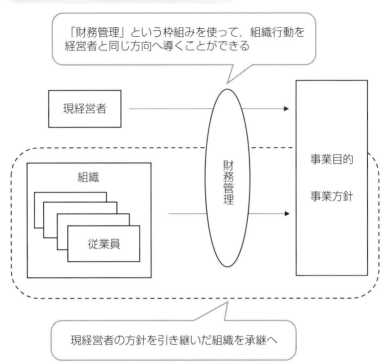

「財務管理」という枠組みを使って，組織行動を
経営者と同じ方向へ導くことができる

現経営者

組織

従業員

財務管理

事業目的

事業方針

現経営者の方針を引き継いだ組織を承継へ

# 索　引

## 【編者紹介】

# 税理士法人髙野総合会計事務所

東京都中央区日本橋２－１－３アーバンネット日本橋二丁目ビル３Ｆ
税理士法人髙野総合会計事務所　総括代表　公認会計士・税理士　髙野角司
設立（創業）1975 年
従業員数約 90 名（公認会計士，税理士含む）
公認会計士，税理士を主体とした独立系の会計事務所グループであり，中核となる税理士法人髙野総合会計事務所のほか，髙野総合コンサルティング株式会社，監査法人 TSK などを擁する。法人及び個人の税務会計に関する業務全般のほか，企業再生や再編，M&A，財務・事業デューデリジェンス，価値評価，事業承継等のコンサルティング業務を幅広くサービス提供している。
＜主な編著書＞
『会社更生最前線』，『経営に生かす有利な税務選択』，『倒産手続における会社分割・営業譲渡の実務』（以上，ぎょうせい），『Q&A　民事再生法の実務』，『時価・価額をめぐる税務判断の手引き／加除式』（新日本法規出版），『ケース・スタディによる税理士のための税賠事故例とその予防策』（共著），『繰越欠損金と含み損の引継ぎを巡る法人税実務 Q&A』，『会社解散・清算の税務と会計』，『実践／グループ企業の法人税務 Q&A』，『新しい減価償却制度の重要ポイント Q&A』，『態様別にみる新しい事業承継対策と税務』（以上，税務研究会出版局），『新公益法人の移行・再編・転換・設立ハンドブック』，『新公益法人移行申請書作成完全実務マニュアル』（以上，日本法令），『有利な税務選択Q&A』，『医療機関再生の法務・税務』，『経営手法からみた事業承継対策 Q&A』，『ここが知りたい会計参与の実務 Q&A』，『決算に役立つ　税務選択の判断ポイント』，『判例分析　会社・株主間紛争の非上場株式評価実務』，（以上，中央経済社），『信託の実務 Q&A』，『中小企業のためのこれからの会社法』（以上，青林書院），『こんなに簡単になった企業再編』（かんき出版），『税理士のための法人個人間の借地権課税はじめの一歩』（税務経理協会），他多数。

## 【著者紹介】

# 髙木　融（たかぎ　とおる）

税理士法人髙野総合会計事務所シニアマネージャー
髙野総合コンサルティング株式会社取締役
公認会計士
大手監査法人勤務を経て髙野総合会計事務所（現税理士法人髙野総合会計事務所）に入所。各種コンサルティング業務を専門とする FAS 部門に所属。企業再生，M&A，価値評価業務等を中心とした幅広いコンサルティング業務に従事。上場企業への決算支援や，中小企業の内部統制改善，その他，金融機関向け研修講師なども手掛ける。
＜主な著書＞
『判例分析　会社・株主間紛争の非上場株式評価実務』（共著）（中央経済社）
『実務解説　税務と会計の違いがわかる本』（共著）（中央経済社），『担保権消滅請求の理論と実務』（共著）（民事法研究会），『事例式　契約書作成時の税務チェック』（共著），『時価・価額をめぐる税務判断の手引』（共著）（以上，新日本法規出版），その他雑誌執筆多数。

会計士が教える
中堅・中小企業のための財務経営 10 のテーマ

2022年1月5日　第1版第1刷発行

編　者　税理士法人髙野総合会計事務所
著　者　髙　木　　　融
発行者　山　本　　　継
発行所　㈱　中　央　経　済　社
発売元　㈱中央経済グループ
　　　　パ ブ リ ッ シ ン グ

〒101-0051　東京都千代田区神田神保町1-31-2
電話　03(3293)3371(編集代表)
　　　03(3293)3381(営業代表)
https://www.chuokeizai.co.jp
印刷／文唱堂印刷㈱
製本／㈲井上製本所

©2022
Printed in Japan

＊頁の「欠落」や「順序違い」などがありましたらお取り替えいた
しますので発売元までご送付ください。(送料小社負担)
ISBN978-4-502-40931-8 C3034